방송통신 융합시대의 문화콘텐츠

문화예술의 진화

나남
nanam

최 혜 실

서울대 국어교육과, 동대학원 국문과 석 · 박사
현재 경희대 국어국문학과 교수.
저서로는 《모든 견고한 것들은 하이퍼텍스트 속으로 사라진다》,
《신여성들은 무엇을 꿈꾸었는가》,
《디지털 시대의 문화읽기》 외 다수의 책이 있다.

나남신서 1302

방송통신 융합시대의 문화콘텐츠
문화예술의 진화

2008년 5월 20일 발행
2008년 5월 20일 1쇄

지은이_ 최혜실
발행자_ 趙相浩
발행처_ (주) 나남
주소_ 413-756 경기도 파주시 교하읍
출판도시 518-4
전화_ (031) 955-4600 (代)
FAX_ (031) 955-4555
등록_ 제 1-71호(79.5.12)
홈페이지_ http://www.nanam.net
전자우편_ post@nanam.net

ISBN 978-89-300-8302-7
ISBN 978-89-300-8001-9
책값은 뒤표지에 있습니다.

나남신서 · 1302

방송통신 융합시대의 문화콘텐츠

문화예술의 진화

최혜실 지음

나남
nanam

Culture & Content in the age of Convergence of Broadcasting and Telecommunication

by

Hye-sil Choi

nanam

들어가며

21세기 들어 문화예술, 대중문화, 그리고 문화콘텐츠란 용어가 매우 다른 영역에서 다른 방식으로 쓰이고 있다. 그러나 문학을 전공하면서 대중문학이나 영상 등에도 관심을 보였던 내가 CT(*culture technology*), 그리고 이어서 문화콘텐츠 영역까지 나아가면서 느꼈던 의문이 있었다. 어쩌다 여기까지 흘러왔단 말이냐면서 한탄하던 중 문득 너무 손쉽게 새로운 영역을 만드는 데 참여하게 되었다는 사실이 떠올랐다. 세 영역은 긴밀하게 연결되어 있었다. 그 사실은 문화콘텐츠 영역에 몰두하면 할수록 더해갔다. 당연히 그 원인에 대해 탐구하게 되었다.

때마침 2006년은 방송과 통신의 제도적 융합에 대한 필요성이 요구되면서 방송통신 융합 추진위원회가 결성된 후, 각 부처 간의 파워게임이 치열하였다. 콘텐츠의 영역 문제가 매우 중요한 논의의 핵심을 이루고 있었다. 우연히 용역과제를 맡아 하면서 중요한 사실을 깨달았다.

방송과 통신이 융합하는 새로운 매체환경에서 다중플랫폼의 등장으로 다양한 플랫폼상에서 동일한 내용의 콘텐츠가 매체를 바꿔가며 손쉽게 전달되는 융합환경에 대해 논하는 사람은 많았다. 이제 원 소스(*one source*)의 개발이 문화콘텐츠 성공의 중요 관건이 된 것이다.

그러나 또 하나의 중요한 현상이 감지되었다. 문화콘텐츠의 전통적 가치사슬이 방송통신 융합으로 변화하면서 작품 생산자와 수용자의 소통구조가 단선화, 종래와 매우 다른, 순수예술과 구비문화를 혼합하는 양태의 문화예술이 나타나게 된 것이다. 그것은 내가 문학에서 자신도 모르게 문화콘텐츠 영역으로 발을 디디게 된 중요한 이유가 될 터이다.

지금까지 주로 경영이나 정보기술의 측면에서 논의된 방송통신 융합과 콘텐츠 문제를 인문학적이고 문화예술적인 측면에서 보고자 노력하였다. 아직 많이 부족하고 아쉬움이 남는 이 책이 이만큼이라도 신속하게 발간된 이유는 명백히 (주)나남의 조상호 사장님에게 있다. 원고독촉에 많이 시달렸음을 고백하지 않을 수 없으며 이 자리를 빌려 심심한 감사를 드린다.

이 책은 〈방송통신 융합시대의 문화콘텐츠의 중요성〉이란 문화관광부 용역과제에 기본 골격을 두고 있다. 본인이 목차를 세세히 정했고, 경희대 국어국문학과 박사과정 학생들에게 지정한 내용과 자료를 개조식으로 요약하게 하였으며, 자료를 찾게 하고 도표를 그리게 하였다. 연구조원으로 참여한 내 제자 안숭범, 박사문, 김윤희에게 감사한다.

2008년 5월
평화의 전당이 보이는 연구실에서
최 혜 실

나남신서 · 1302

방송통신 융합시대의 문화콘텐츠

문화예술의 진화

차 례

제 1 장 매체와 제도, 그리고 콘텐츠

1. 콘텐츠의 새로운 변화

1) 디지털 시대 콘텐츠의 새로운 변화

방송·통신이 융합을 이루면서 신규 콘텐츠의 수요가 급격하게 늘고 있다. DMB(*Digital Multimedia Broadcasting*)의 등장으로 기존 방송과는 차별화된 유형의 새로운 콘텐츠가 등장하고 있으며, IPTV(*International Protocol Television*)가 나오면서 멀티미디어형 부가서비스 등 새로운 방송 서비스에 대한 수요가 창출되고 있다. 그리고 이와 같은 급격한 변화의 원동력은 바로 디지털 기술의 발전이다. 이제 한국은 물론이고 전 세계의 방송사와 통신기업들은 사업다각화를 통해 종합 미디어 그룹으로 발돋움하는 추세인데 이런 사업다각화의 목적은 안정적 수익원을 위해 신규 콘텐츠를 확보하려는 것이다.

디지털 매체에서 통용되는 콘텐츠 중 가장 많이 사용되며 부가가치가 높은 것은 역시 인간의 감성에 호소하는 문화콘텐츠 영역이라고 볼 수 있다. 인간의 감동을 부가가치로 연결하는 이 산업은 산업, 인문, 문화예술, 기술의 융합과정에서 발생한 디지털 시대의 산물이다. 뒷부분에서 상세하게 설명하겠거니와 디지털 매체에서는 이성적 소통방식보다 감성적 소통방식이 더 빈번하게 나타난다.

'감성'(感性)이란 이성에 대립되는 말로 대상으로부터 감각되고 지각되어 표상을 형성하게 되는 인간의 인식능력을 말한다.[1] 따라서 당연히 감각과 밀접한 관계가 있다. 철학자들은 감성이 타자가 주체에게 흔적을 남기는 장소라 말하며 감성에 남겨진 타자의 흔적을 감각이라 지칭한다. 감성은 시각, 청각, 후각, 촉각 등 인간의 감각기관을 통해 받아들여진다.[2]

디지털 매체 환경은 멀티미디어가 가장 중요한 특성으로 꼽힌다. 흑백의 질서정연하고 균질적인 문자뿐 아니라 현란한 색조가 끊임없이 시각을 자극하고 웅장한 사운드가 청각을 때린다. 그뿐인가? 나의 손가락은 끊임없이 키보드를 두드리며 자신의 자극에 대한 화면의 반응을 즐기는 것이다. 이렇게 온몸으로 감각을 받아들이는 디지털 매체 환경에서 감성이 중요하지 않을 리 없는 것이다.

한편으로 매체환경의 성장은 OSMU(*One Source Multi-Use*)의 방식을 극대화한다. 창구화 효과라고도 이야기하는 이런 현상은 일반적으로 문화상품이 한 영역에서 창조된 후 부분적인 기술적 변화를 거쳐 문화

1 이기문 감수, 《동아 새국어사전》, 동아출판사, 1992, 64쪽.

2 한국기호학회 엮음, 김상봉, "감성의 홀로주체성", 《감각작용과 의미작용》, 기호학 연구 제14집, 2003, 40~41쪽.

산업 영역 내부, 또는 다른 산업의 상품으로 활용효과가 지속되며 그 가치가 증대되는 효과를 말한다. 이는 하나의 콘텐츠가 지상파 방송, 케이블 채널, 인터넷 등 여러 매체를 거치면서 단계적으로 배급되며 수익을 높여나가는 효과를 말하기도 하지만 하나의 출판만화가 애니메이션으로, 극장판으로, 게임물 등으로 다른 형태로 변화되는 경우도 해당한다.[3]

이는 디지털 매체의 융합적 특성 때문에 나타나는 현상으로 문화콘텐츠를 포함한 모든 디지털 콘텐츠의 가치창출 과정을 보여준다. 이 때문에 결과적으로 OSMU의 가치사슬 속에서 퀄리티 높은 원 소스(*One Source*)에 해당하는 문화콘텐츠를 개발하는 일이 이 시대에 가장 중요한 일로 부각된다.

2) 방송통신 융합에 맞는 제도적 융합의 필요성과 방송통신위원회

우리나라의 방송통신 융합과 관련한 기술과 서비스는 이미 세계적 수준에 도달했지만 정책과 제도는 이를 뒷받침하지 못하는 실정이다. 예를 들어 제도의 미비로 IPTV 서비스가 실시되지 못하는 동안, 연간 1조원에 달하는 경제적 손실과 업무상 마찰이 빚어지고 있다. 기술발전과 시장확대의 추세를 감안한다면 가능한 빠른 시일 내에 융합형 서비스의 분류작업을 포함하여 법제정비와 장기적인 융합정책의 청사진이 제시되어야 할 시점에 와 있다.

---

3 은혜정, 《새로운 매체환경과 콘텐츠》, 커뮤니케이션북스, 2005, 11쪽.

한국에서는 '방송통신 융합 추진위원회'가 설립되어 문광부, 방송위, 정통부 등 각 부처에 분산된 방송과 통신 관련 기능 전반을 통합하는 방안을 검토하였고 난산 끝에 2008년 방송위원회와 정보통신부가 통합된 방송통신위원회가 만들어졌다. 방송과 통신의 영역이 빠르게 허물어지는 상황에서 관련정책을 관장하는 정부의 조직도 아울러 개편되어야 한다는 지적이 오래전부터 있었다. 이에 정부는 2006년 7월 총리실 산하 방송통신 융합 추진위원회를 만들어 기구개편 작업을 진행했으나 부처간의 이해관계가 대립하고 정치적인 문제가 개입되는 등 진통을 겪던 중 2008년 2월에 이르러서야 통합이 이루어지고 방송통신위원회가 설립되었다.

방송통신 융합기구로 출범하는 방송통신위원회는 대통령 직속기구로 기존의 방송위원회의 방송정책 및 규제, 정보통신부의 통신서비스 정책과 규제를 총괄하게 된다. 방송통신위원회는 급격하게 이루어지고 있는 융합현상에 능동적으로 대응하고 방송의 자유와 공공성을 보장하는 동시에 국제경쟁력을 높이며 이용자의 복지와 서비스의 수준을 높이는 데 주력하게 된다. 그러나 항상 고려되어야 할 점은 고부가가치를 창출하는 문화콘텐츠가 문화예술과 인문학을 기반으로 탄생한다는 사실이다. 따라서 문화예술과 인문학을 관장하는 부서의 역할이 새삼 강조되는 시점이다.

2. 국가의 이미지와 문화콘텐츠

1) 국가브랜드 제고를 위한 콘텐츠 개발방안

디지털 네트워크의 등장으로 문화상품의 공급과 수요기반은 전 세계로 확대되었다. 이제 퀄리티 높은 콘텐츠를 개발하고 제작하기만 하면, 한 국가의 산업적 역량이 획기적으로 팽창할 수 있는 상황에 이른 것이다.

최근 한국에서 나타난 문화상품의 세계화의 징후는 '한류'(韓流)라고 할 수 있다. 통신기술의 발달로 전 세계가 좁아지고 인터넷 화면을 클릭함과 동시에 멀리 떨어진 나라의 풍습과 문화를 접하게 되면서 세계는 문화의 혼종현상을 보이고 있다. 세계인이 같은 프로를 청취하고 같은 유행을 공유하게 된 상황에서 산업화로 두터워진 아시아의 중산층들은 피부색과 문화가 자국과 비슷하면서도 적당히 이질적인 동아시아의 각국 문화에 호감을 가지게 되었다. 최근 나타난 한류의 중요한 원인은 바로 이 미디어의 발달이다.[4]

문화상품의 수출은 곧바로 국가 이미지에 기여한다. NHK의 방송문화연구소의 여론조사 결과에 따르면 〈겨울연가〉 시청자의 50%가 적극적으로 한국문화를 접하게 되었으며 이 중 26%가 한국에 대한 이미지가 긍정적으로 바뀌었다고 한다.[5] 이제 주목해야 할 것은 새로운 성장동력이 될 문화콘텐츠를 찾아내어 디지털화하는 일이며 이 작업은

---

4 최혜실, "동북아시대 구현을 위한 사회문화적 협력", 〈구보학보 1집〉, 2006. 12, 354쪽.

5 윤재식, 《'한류'와 방송 영상 콘텐츠 마케팅》, 커뮤니케이션북스, 2005, 13쪽.

국가브랜드를 제고하는 데 큰 역할을 할 것이다.

2) 문화콘텐츠의 잠재적 역량

새로운 성장동력으로 CT(*Culture Technology*)를 기반으로 한 문화산업이 떠오르고 있다. 그러나 한편으로 기술과 콘텐츠가 융합되지 못하고 문화콘텐츠의 잠재적 역량을 찾아내지 못한 현 상황이 문화산업의 미래에 대한 불안요소가 되고 있다. 이 난관을 극복하기 위해서는 문화콘텐츠 생산과정에 인문학 및 문화예술의 잠재적 역량에 천착해 들어가면서 동시에 디지털 기술이 체화되는 적극적 작업이 필요하다고 본다.

3) 정부부처 간 협력체계

콘텐츠에서 시작하여 '서비스-단말기-네트워크'로 나아가는 과정에서 가장 중요한 부분은 콘텐츠를 기획하고 제작하는 최초 단계임이 점점 더 확실해지고 있다. 창의성 또한 콘텐츠를 기획하는 과정에서 발현되는 것이며 인문학적 소양과 예술적 재능은 마케팅에 앞서 콘텐츠의 질을 좌우하는 가장 중요한 부분이다.

이런 상황에서 지금까지 문화예술과 21세기 문화예술로서의 문화콘텐츠를 관장해온 부서를 중심으로 한 부처별 협력이 필수적이라 본다.

〈그림 1-1〉 방송통신 융합시대 문화관광부 중심의 부처 개편 필요성

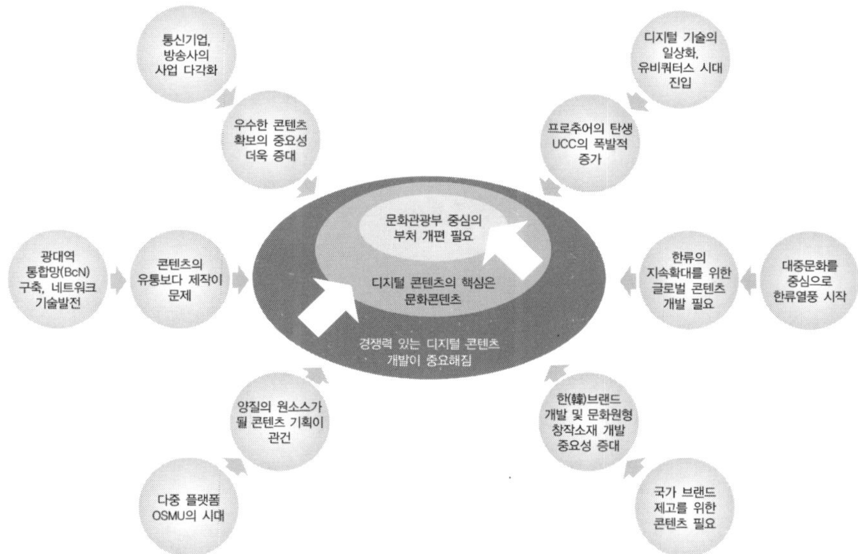

제 2 장

방송통신 융합에 따른 환경변화

1. 방송통신 융합의 개념

1) 방송통신 융합의 개념

지금까지 방송은 '단방향 송신에 의한 불특정 다수에 대한 방송프로그램의 전달'을 의미하였으며 통신은 '양방향 송수신을 통한 서비스 이용자 간 커뮤니케이션'을 의미하였다. 따라서 방송과 통신은 오랫동안 별개의 영역으로 발전했고, 법체계와 규제체계 등이 모두 다르게 이루어졌다. 전통적 의미의 방송과 통신을 네트워크 차원, 서비스 차원, 그리고 수용자 차원으로 나누어 비교하면 〈표 2-1〉과 같다.

그러나 디지털 기술과 전송기술의 발달로 어느덧 방송망과 통신망이 유기적으로 결합되어 서비스의 광대역화 및 양방향화가 가능함에 따라 통신과 방송이 융합된 서비스가 나타나고 있으며 통신사업자가 방송사업에 진출하고 방송사업자가 통신서비스를 제공하는 융합현상이 나타

〈표 2-1〉 방송과 통신의 비교

	방송	통신
네트워크 차원	주로 무선망(*wireless network*) 중심으로 발달, 한정된 주파를 사용하는 일방향적 전송	각 터미널들을 연결하면서 비교적 충분한 대역을 제공하는 유선망(*wired network*) 중심으로 발달
서비스 차원	전파를 통해서 오디오 정보를 제공하는 라디오 방송 서비스와 비디오 정보를 제공하는 텔레비전 방송 서비스로 구성	전화나 무선통신과 같이 음성정보의 소통이 주가 된 네트워크로 사용자간에 다양한 상호작용이 가능한 양방향적 서비스를 제공
수용자 차원	불특정 다수의 공중을 대상으로 정보수신자를 개별적으로 인식하지 않는 정보활동(프로그램의 내용규제의 필요성 대두)	주로 특정 참여자 사이의 정보활동(통신비밀의 보호 필요성 대두)

출처: 방송통신 융합시대 방송서비스의 정책방향(최양수 2001. 4.)

나고 있다. 이처럼 통신과 방송의 경계영역이 모호해짐에 따라 나타나는 망, 서비스, 사업자 측면의 융합현상을 우리는 방송통신의 융합으로 정의한다.

이 과정에서 가장 중요한 요인은 기술적 측면이다. 압축기술의 발달로 수십 또는 수백분의 1로 축소가 가능해져 디지털정보의 저장과 전송이 쉬워졌다. 여기에 초고속 인터넷, 인터넷 전화, IPTV 등이 가능한 VDSL(*Very high-data rate digital subscriber line*)[1]이 등장하였다. 게다가 WCDMA, Wibro와 같은 무선망의 도입으로 유·무선통신망의 대역폭이 확대되고 있다. 뿐만 아니라, 85개 종합유성방송사업자들은 자체적

1 VDSL은 가입자가 밀집된 지역까지 광케이블을 포설하고 광케이블의 종단부터 가입자까지 기존 전화선을 연결하여 고속화된 전송망을 제공하는 방식으로 13~52Mbps의 전송이 가능하다.

으로 또는 별도 법인을 공동으로 설립하여 케이블TV 전송방식을 디지털로 전환하여 케이블TV 방송과 함께 인터넷 전화, VOD(*Video On Demand*), T-commerce 등 양방향, 다채널 방송서비스 등 다양한 서비스를 제공할 수 있는 기반을 구축하고 있다. 이러한 디지털기술 발전으로 1970년대에 음성, 1980년대 음악, 1990년대 이후 영상으로 정보가 급

〈그림 2-1〉 방송통신 융합 개념의 등장

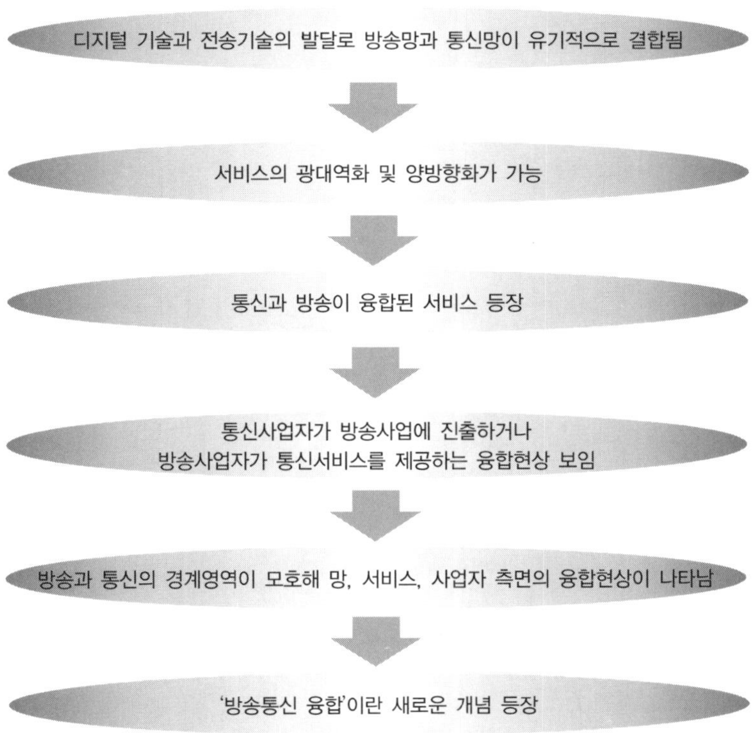

속하게 디지털로 전환되어 멀티미디어로 디지털 정보의 통합이 가능해졌다.[2]

〈그림 2-2〉 디지털화에 따른 콘텐츠의 융합, 네트워크의 통합, 단말기의 통합

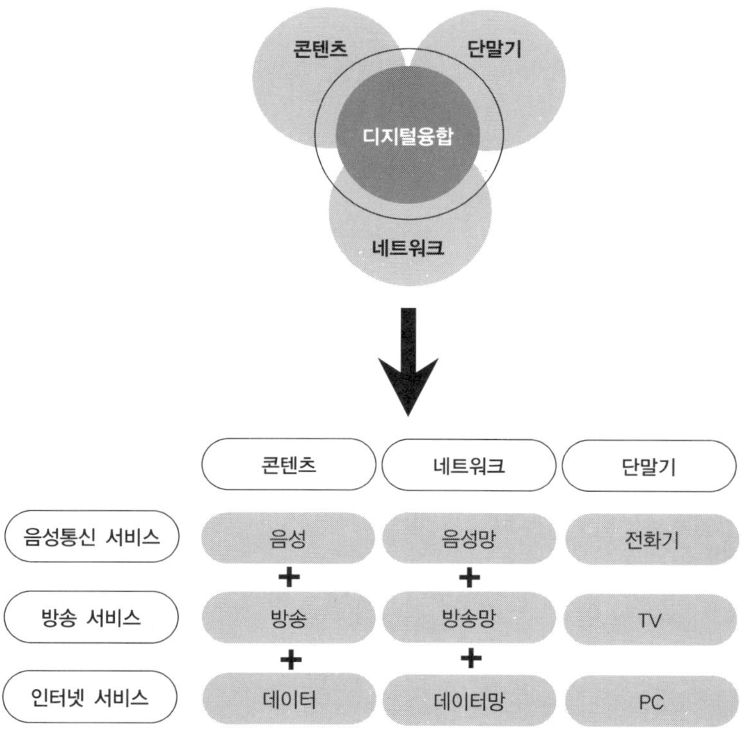

출처: 컨버전스 시대의 문화콘텐츠 진흥정책 방향(한국문화콘텐츠진흥원).

2 박용진, "방송통신 융합시대의 콘텐츠 유통 활성화 방안에 관한 연구", 연세대학교 언론홍보대학원 방송영상 전공 석사학위논문, 2006, 8쪽.

〈표 2-2〉 융합과 관련된 용어의 해석

용어	출처	해석
Convergence (융합)	FCC	융합은 특정 네트워크를 통해서 제공되는 서비스나 상품을 경쟁관계에 있는 또 다른 네트워크를 통해서 제공하는 것을 말함
	ITU	융합은 기존 인프라를 통해 새로운 서비스를 제공하는 것, 새로운 형태의 인프라를 개발하는 것, 새로운 능력을 제공하기 위해 기존 서비스와 기술들을 향상시키는 것 등을 의미함. 이전에는 별개의 분리된 상태로 있던 기술, 시장 혹은 정치적으로 정의된 산업구조들을 통합하는 기술, 시장 혹은 법/규제적 능력으로 정의될 수 있음
	OECD	융합은 현재의 경제섹터들 간 기술적 · 규제적 경계가 모호해지는 현상을 말하며, 방송통신 융합은 네트워크, 서비스 및 기업조직이라는 세 차원에서 진행됨
	McKinsey	융합은 곧 가능하게 될 새로운 양방향 멀티미디어 서비스를 말함
	ITU	융합은 복합서비스를 위한 '정보고속도로'와 같은 고속의 데이터 전송 및 검색을 용이하게 하는 물리적 고성능 전송망 차원에서의 융합을 말함
Bundling (묶음판매)	ACCC	번들링은 두 개 혹은 그 이상의 상품이 하나의 패키지로 제공되는 것을 의미함. 번들링된 상품은 보통 두 개의 가격을 더한 것에 비하여 할인된 가격임. 일반적으로 소비자들은 통합 과금을 받기 원함
Tying (끼워팔기 또는 연계판매)	FCC	연계판매란 기업이 특정 상품 또는 서비스(*tying goods or services*)를 판매할 때 구매자가 자기의 다른 상품이나 서비스(*tied goods or services*)를 함께 판매하는 행위로 여러 형태를 취할 수 있지만 그 본질은 조건부 판매에 있음

출처: KISDI (2003).

〈표 2-3〉 현행법상 방송정의 변화

구분	정의
구방송법	'방송'이라 함은 정치, 경제, 사회, 문화, 시사 등에 관한 보도 및 여론과 교양, 음악, 오락, 연예 등을 공중에게 전파함을 목적으로 방송국이 행하는 무선통신의 송신을 말한다.
2000년 방송법	'방송'이라 함은 방송프로그램을 기획. 편성 또는 제작하고 이를 공중(개별계약에 의한 수신자를 포함하며, 이하 "시청자"라 한다)에게 전기통신설비에 의하여 송신하는 것으로서 다음 각목의 것을 말한다. 가. 지상파방송 나. 종합유선방송 다. 위성방송
2004년 방송법	'방송'이라 함은 방송프로그램을 기획. 편성 또는 제작하고 이를 공중(개별계약에 의한 수신자를 포함하며, 이하 "시청자"라 한다)에게 전기통신설비에 의하여 송신하는 것으로서 다음 각목의 것을 말한다. 가. 텔레비전방송 나. 라디오방송 다. 데이터방송 라. 이동 멀티미디어방송

출처: "방송 · 통신 융합서비스 정책 방향", 김대호, 2004.

방송통신 융합으로 기존의 제한된 방송채널을 통해 제공되던 콘텐츠들이 모바일, 인터넷 등 다양한 유통채널을 통해 제공할 수 있게 되었기 때문에 방송은 이제 더 이상 희소한 재원이 아니다. 이에 따라 '방송'에 대한 개념을 재정립할 필요가 제기되고 있다. 최근에는 방송을 기존의 공공재라는 개념보다는, 〈표 2-3〉에서 볼 수 있는 바와 같이 수용자들이 자유롭게 적극적으로 참여하고 이용할 수 있는 수단이라는, 통신의 개념에 가까운 것으로 인식되고 있다. 방송개념의 변화상을 살피면 다음과 같다.

2) 방송통신 융합의 전개양상과 유형

방송통신 융합의 전개양상을 살펴보면, 각각의 고유한 서비스 영역을 지켜왔던 다른 매체와의 경계영역이 모호해짐에 따라 매체융합 현상이 가속화되고 있음을 알 수 있다. 디지털시대, 정보매체는 기술적 결합을 통해 그 특성이 통합·활용되며, 이로써 기존의 개별 미디어들이 가지고 있던 결점들이 보완되어 서비스 능력이 향상된다. 융합에 따른 매체간 차별이 적어져 수용자를 확보하고자 하는 각 서비스간의 경쟁이 치열해지고 결국 이전에는 별개의 분리된 상태로 있던 기술, 시장 혹은 정치적으로 정의된 산업구조들이 통합된다.

방송과 통신의 융합 양상을 구체적으로 살펴보면, 첫째, 네트워크의 융합은 기존의 방송망을 통한 통신 서비스가 케이블 TV의 인터넷 접속, VoIP 등으로 이루어지고 있고 기존의 통신망을 통한 방송서비스가 인터넷 방송, IPTV, 모바일 방송 등으로 행해지고 있어 망의 구분이 무의미해졌다. 둘째, 단말기의 융합은 휴대폰, IPTV 등과 같이 하나의 단말기로 방송통신 서비스가 가능한 형태로 바뀌었다. 셋째, 서비스의 융합은 TPS(전화, 인터넷, 방송)와 같이 방송과 통신서비스가 복합적으로 제공되고 있는 상황이며, 넷째, 사업자 및 시장의 융합은 방송과 통신 사업자 사이의 인수, 합병 및 전략적 제휴 등으로 방송통신 사업자가 등장하면서 산업구조가 변하고 있다.[3]

이 결과 콘텐츠 산업의 가치사슬인 생산, 유통, 소비 단계는 획기적인 변화를 겪으며 소비자들의 생활양식에까지 큰 영향을 미치고 있다.

---

3 노준석, "방송통신 융합시대 문화콘텐츠 산업정책 방향", 2006, 1~2쪽.

〈그림 2-3〉 디지털시대의 융합과 변화양상

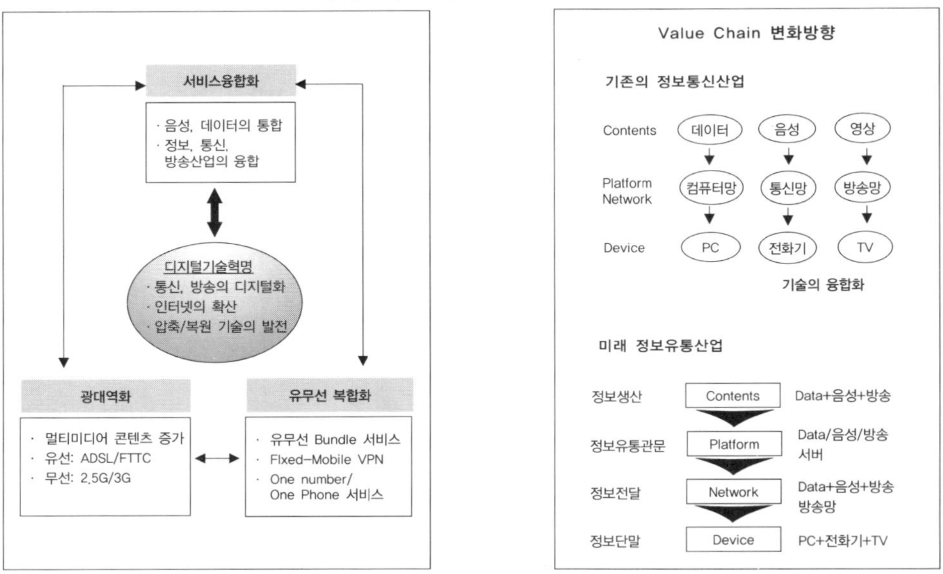

출처: SKT.

〈그림 2-4〉 방송과 통신의 융합 - 다매체 멀티플랫폼化 = 콘텐츠 수요확대

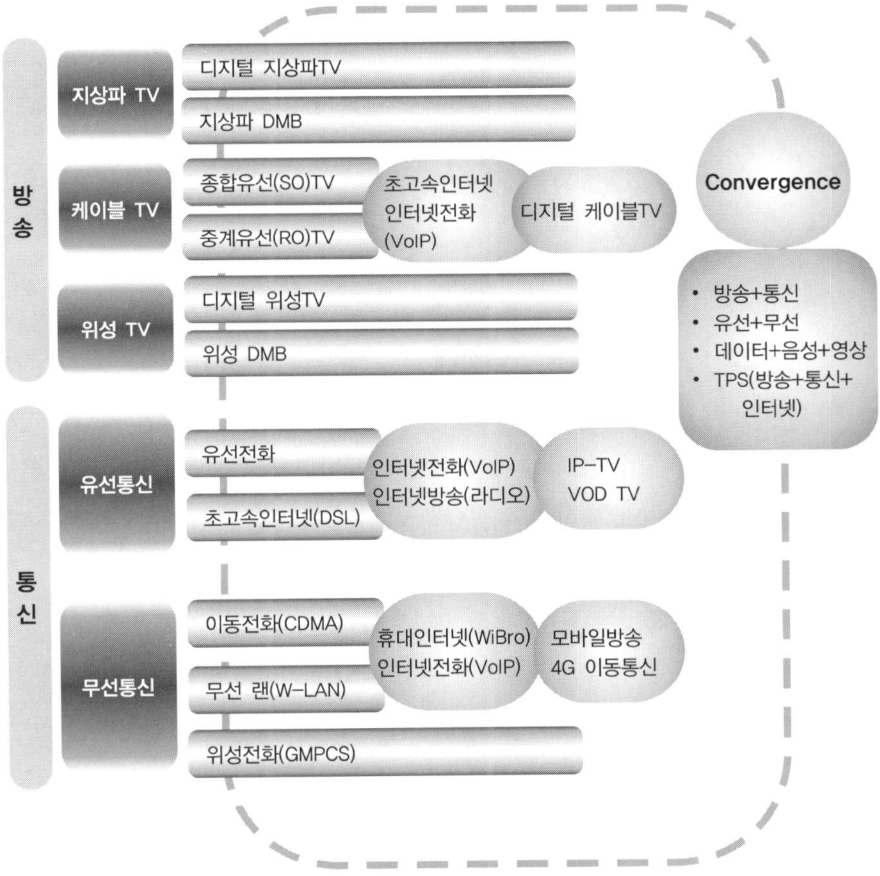

출처: "방송 · 통신 융합시대 문화콘텐츠 산업정책 방향", 노준석, 2006.

(1) 네트워크 융합

네트워크 융합이란 기술의 발달과 확산으로 방송망과 통신망의 구분이 점차 불명확해지거나 결합하는 것을 말한다.[4] 유무선 통신기술과 정보전달 기술발전으로 방송과 통신망의 대역이 확대되어 문자·음성·영상 등의 다양한 정보형태와 서비스를 동시에 하나의 망에서 처리할 수 있게 되었다. 전화와 이동전화 시스템이 음성정보의 소통에 적합하도록 발전하였다면, 지상파방송과 케이블방송은 영상정보의 소통에 적합하도록 발달되었으나 기술발전에 따라 방송망과 통신망은 네트워크 간의 유기적 결합을 통한 광대역화, 양방향화가 완벽히 구현되는 방향으로 진행되는 중이며, 방송이 방송망뿐 아니라 통신망을 통해 전달되는 것이 가능해지고, 통신이 통신망뿐 아니라 방송망을 통해 전달될 수 있게 되었다.[5]

방송망도 크게 진화하여, 디지털화를 통한 고도화와 통신망과의 연계성 확보를 통해 양방향성이 실현되고 있다. 예를 들면, 위성방송망의 경우, 기본적으로는 일방향성 네트워크의 한계를 갖고 있으나, 통신망의 상향채널(*return path*)로 활용하고, 단말기에 저장장치를 구축하는 방식을 통해 어느 정도 양방향서비스의 구현이 가능한 상황이다. 케이블TV의 경우, 망의 본질적 속성상 양방향성 구현에 전혀 어려움이 없기 때문에, 디지털화를 계기로 디지털 케이블 미디어 센터(Digital Media

---

4 박경세, 《방송·통신 융합의 네트워크 특성》, 커뮤니케이션북스, 2005, 17쪽.

5 이현식, "위성DMB의 도입기 발전전략에 관한 연구", 중앙대학교 신문방송대학원 석사학위논문, 2005.

〈그림 2-5〉 DMC

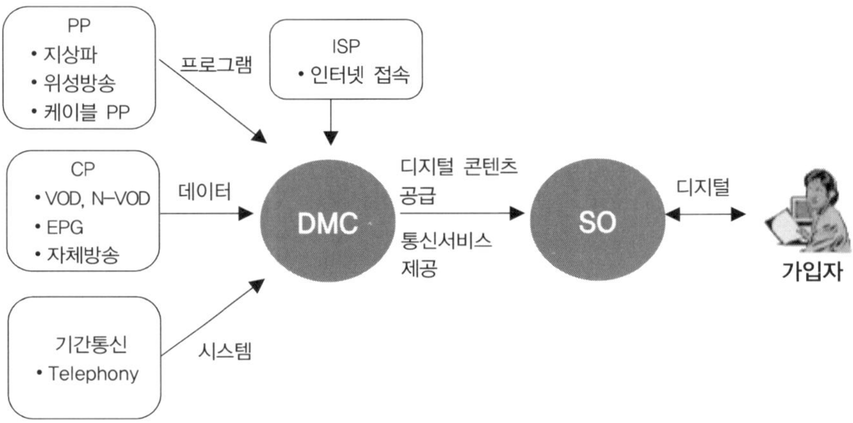

출처: "디지털 컨버전스 시대의 정책방향", 정보통신정책연구원, 초성운.

Center)[6] 추진이 활성화될 경우 본격적인 양방향 서비스가 도입될 수 있는 최적의 네트워크로 부상할 것으로 기대를 모으고 있다.[7]

결과적으로 기존의 방송망을 통한 통신서비스(케이블TV의 인터넷 접속, VoIP[*Voice over Internet Protocol*]) 등, 기존의 통신망을 통한 방송서비스(인터넷 방송, IPTV, 모바일 방송 등)로 망구분이 무의미해지게 된다.

6 다수의 SO(*System Operator*)가 케이블TV의 디지털 전환을 위해서 송출 및 시스템 장비를 하나의 센터에 공동 구축. 디지털영상서비스 외에 초고속인터넷, VoIP, VOD, T-Commerce 등의 통신 및 융합서비스도 제공 예정.

7 박용진, 앞의 글, 15쪽.

(2) 서비스 융합

서비스 융합이란 방송과 통신서비스의 구분이 불분명한 경계에 존재하게 되는 서비스의 출현을 말한다. 통신과 미디어, 정보기술 간의 융합 전개과정에서 방송과 서비스의 속성을 동시에 가진 새로운 서비스가 등장하게 된다.

데이터 방송의 대표적 예로 DMB를 들 수 있다. 데이터 방송은 방송망의 틈새영역을 활용하여 이용자에게 각종 정보를 제공한다. 상향채널(*return path*)을 통해 이용자의 선택정보를 전달하는 것인데 T-Commerce, 대화형 교육, 실시간 여론조사 등의 서비스 제공으로 융합서비스의 핵심 분야로 성장할 전망이다.

〈그림 2-6〉 DMB

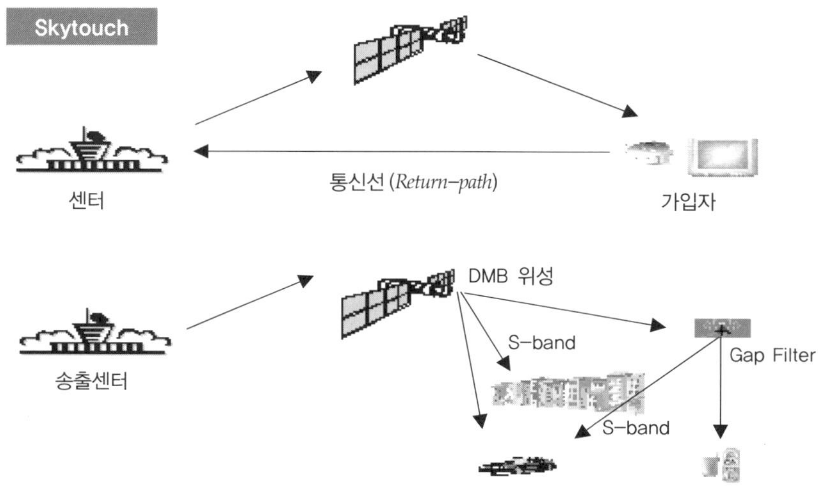

출처: "디지털 컨버전스 시대의 정책방향", 정보통신정책연구원, 초성운.

DMB는 디지털 멀티미디어 브로드캐스팅(*Digital Multimedia Broadcasting*)의 머리글자를 딴 것으로 방송과 통신이 결합된 새로운 개념의 이동 멀티미디어 방송 서비스인데, 전송방식과 네트워크 구성에 따라 지상파 DMB와 위성 DMB로 구분된다. 지상파 DMB는 유럽의 디지털오디오방송(DAB)의 기술표준인 Eureka-147을 기본 규격으로 사용하며, 2004년 현재 비어 있는 VHF 12번 채널을 이용해 이동수신용 멀티미디어 방송을 한다. 1개 채널이 3개의 블록으로 구성되고, 하나의 블록은 다시 몇 개의 비디오 또는 오디오 채널로 구성되며 주파수는 174~216 MHz이고, 압축방식은 MPEG4 기술을 이용한다. 전파는 장거리에 알맞도록 회절특성을 가지고 있으며, 주로 차량에서 이용할 목적으로 KBS, MBC, SBS, YTN, CBS 등이 방송서비스를 하고 있다.

또 인터넷방송(*Webcasting*)이 발전되어 인터넷상에서 스트리밍 기술을 이용, 각종 정보, 주문형 VOD, 영화, 게임 등 멀티미디어 정보를 제공하게 되리라 본다.

반면 IP-Casting은 IP-Casting 센터와 셋톱박스가 설치된 가입자의 TV를 초고속 통신망으로 연결하고 방송프로그램, VOD, 이메일 및 쇼핑정보 등 부가서비스를 양방향으로 제공하는 방식이다. IPTV는 인터넷 프로토콜 텔레비전(*Internet Protocol Television*)의 약자로 초고속 인터넷망을 이용하여 제공되는 양방향 텔레비전 서비스를 의미하며, IPTV를 보는 방법은 크게 PC를 이용하는 방법과 TV를 이용하는 방법이 있고, PC를 이용하는 방법은 지금 PC를 통해서 동영상을 보는 것과 유사하게 초고속 인터넷 연결만 되어 있으면 이용할 수 있다. 기존의 지상파나 케이블, 위성과는 달리 시청자가 자신이 편리한 시간에 자신이

〈그림 2-7〉 인터넷방송 (*Webcasting*)

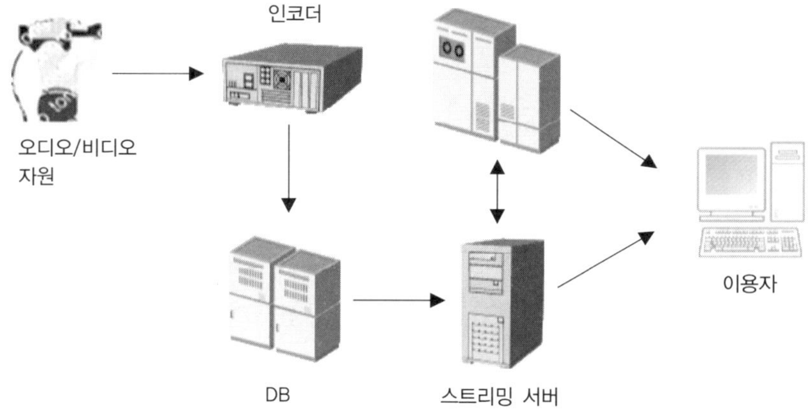

출처: "디지털 컨버전스 시대의 정책방향", 정보통신정책연구원, 초성운.

〈그림 2-8〉 IP-Casting

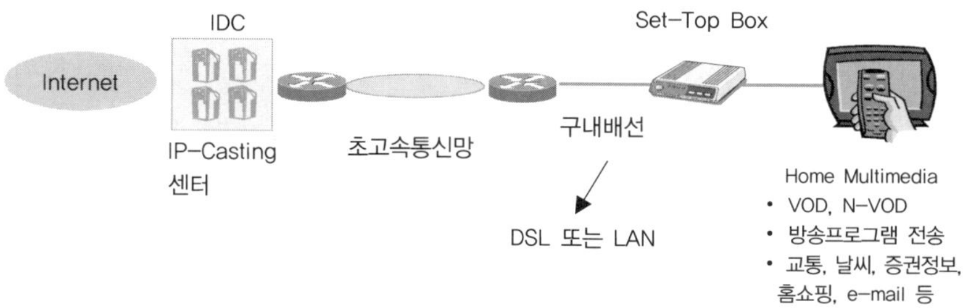

출처: "디지털 컨버전스 시대의 정책방향", 정보통신정책연구원, 초성운.

보고 싶은 프로그램을 볼 수 있으며 콘텐츠 측면에서도 인터넷 검색은 물론 영화감상, 홈쇼핑, 홈뱅킹, 온라인 게임, MP3 등 인터넷이 제공하는 다양한 콘텐츠 및 부가서비스를 제공받을 수 있는 이점이 있다. IPTV 서비스는 통신업체 등이 준비중인 통신, 방송, 인터넷 서비스를 통합한, 이른바 트리플 서비스(TPS: *Triple Play Service*)의 중심에 있게 될 것으로 예상된다.[8]

(3) 사업적 융합

네트워크의 고도화는 동일한 네트워크에서 제공될 수 있는 서비스가 많아진다는 것을 의미한다. 자연스럽게 기업은 가입자 1인에게 기대할 수 있는 평균수익을 늘릴 수 있는 조건을 가지게 되어 다른 서비스 진출을 꿈꾸게 되는 것이다.[9]

DMB 분야에서는 SKT를 중심으로 삼성전자 등 150개 업체가 참여해 설립한 TU 미디어가 위성 DMB 사업권을 획득했다. 지상파 TV 사업자 군에는 KBS, MBC, SBS 3개 방송사, 비지상파 TV 사업자 군으로는 KMMB, 한국 DMB CBS, YTN DMB 등 3개의 컨소시엄이 선정된 바 있다. 한편 IPTV 사업에 관해서는 KT가 무궁화위성을 통해 전국 89개 위성데이터 수신소에 음악, 교육, 금융, 게임 등 콘텐츠를 전달하는 사업을 전개할 계획이다. 마지막으로 정보통신부는 2004년 12월 초 와이브

8 (주)아카넷티비, "방송과 통신의 융합에 다른 CT의 역할과 서비스 모델 연구", 2006. 8. 31, 13~14쪽.

9 박경세, 앞의 책, 24쪽.

로 허가신청서를 접수하여 와이브로 사업자로 KT, SKT, 하나로통신 등 3개 법인을 선정하였다.

DMB 방송으로 기존 방송과 다른 DMB 콘텐츠 유형이 새롭게 등장했는데 그 예로, 프로그램 길이가 1분인 필러(방송 중 프로그램 사이의 간이 프로그램)물이 개발된 것을 들 수 있다. 또 IPTV의 등장은 기존 방송 프로그램의 재전송뿐만 아니라 새로운 방송서비스 수요를 창출하고 있다. 와이브로 사업자들도 다양한 엔터테인먼트 서비스 개발로 멀티미디어형 부가서비스를 제공할 예정이다.

이러한 변화에 적응하지 못한 기존기업이 몰락하는 반면, 신규기업들이 주도기업으로 등장하는 등 업계구조도 크게 재편되고 있다. 첫째, 음악시장의 경우, 음반업체가 위축되고 통신, 인터넷 등 신규기업들이 뚜렷하게 부상하고 있다. CD 등을 판매하는 전통적인 일부 음반회사들은 위축되거나 도산했고, 기존 음반회사들 중 일부는 온라인 시장이나 새로운 수익모델을 가지고 사업을 전개하기 시작했다. 한편, 비즈니스 모델이 모바일이나 온라인으로 바뀌면서 SKT 등 모바일서비스를 제공하는 통신회사들은 약진을 보이고 있다. SKT의 경우 전체 음악시장의 60% 이상을 차지하는 메이저로 등장했다. 이에 국내 인터넷기업들은 음악서비스를 실시하면서 음악업계로 진입하고 있다.

미국에서도 세계적인 엔터테인먼트 그룹인 월트디즈니가 세계 최대 소프트웨어회사인 마이크로소프트와 제휴했다. 디즈니는 마이크로소프트의 기술을 이용하여, 영상자료나 영화를 인터넷을 통해 휴대전화기 또는 각 가정에 전송하기 시작했다. 또한 디즈니는 디지털 기술을 활용한 3D 애니메이션 분야에서 전문성을 가진 '픽사'를 다시 인수하기로 합의하기도 했다. 미국의 유력 케이블 TV 회사인 컴캐스트와 타임워너도 공동으로 케이블 TV 5위인 아델피아(Adelphia)를 인수했다.

셋째, 인터넷 포털기업들이 동영상 분야에 진입하는 현상도 나타났다. 브로드밴드의 보급으로 텍스트와 이미지의 정보전달 방식이 동영상으로 빠르게 변화되면서 네이버, 구글 등 인터넷기업이 동영상 서비스를 시작하게 되었다. 2004년 8월 엠파스가 처음 시도한 이후 야후코리아, 드림위즈가 동영상 검색서비스를 내놓으며 경쟁은 치열해졌는데, 엠파스의 경우 제휴사인 '판도라 TV'의 콘텐츠와 자체 보유한 영화, 백과사전, 학습동영상 등을 서비스하고 있고, 드림위즈는 2004년 9월부터 교육, 영화, 뮤직비디오, TV, 스포츠, 애니메이션 등 6가지로 분류해 동영상 검색서

〈그림 2-9〉 통신사업자의 방송 및 융합서비스 제공 사례

■ 방송사업자의 통신 및 융합서비스 제공 사례

KT	SKT	하나로	데이콤/파워콤
• 위성방송 참여 • IP-Casting 추진	위성 DMB 참여	IP-Casting 추진	DMC 추진

■ 방송사업자의 통신 및 융합서비스 제공 사례

케이블 SO	지상파방송 사업자, 위성방송 사업자
• 초고속 인터넷 서비스 제공 • DMC(VoIP, T-Commerce, VOD 추진)	• 웹캐스팅 • 데이터방송 추진 • 지상파DMB 추진

출처: "디지털 컨버전스 시대의 정책방향", 정보통신정책연구원, 초성운.

비스를 시작하였다. 네이버도 케이블 TV, 동영상 전문 커뮤니티, 스포츠 콘텐츠, 다양한 외부 제휴사의 동영상 등 60만 건의 데이터베이스를 확보하였다.[10]

10 고정민, "통신기업의 콘텐츠 산업 진입-의미와 전망", 삼성경제연구소, 2006, 31~32쪽.

2. 미디어 빅뱅과 미디어 융합의 콘텐츠 정책

1) 콘텐츠 유통의 다중 창구화 (*multiple windowing*)

(1) 디지털 시대의 진화와 다중 플랫폼의 등장

방송과 통신의 융합을 내부적으로 이끌어가는 것은 디지털 매체의 융합적 속성이다. 미디어의 다원화, 광대역 네트워크의 출현, 멀티미디어 텍스트의 보편화 경향은 방송과 통신의 융합을 급속히 촉진시킨다.

특히 다중 플랫폼의 등장은 동일한 서비스, 혹은 동일하지만 형식이 변형된 서비스가 다양한 플랫폼에서 전달되는 것을 가능하게 하였다. 그러면서 콘텐츠의 개념에 과거 네트워크 중심의 사고에서 벗어나 전달매체와 내용물을 구분해서 보자는 의도가 반영되기 시작한다. 요컨대, 디지털 융합 환경이 가속화되면서 과거의 콘텐츠-플랫폼 통합 모델은 이제 콘텐츠와 플랫폼이 분리되면서 다중 콘텐츠, 다중 플랫폼의 형태로 발전하게 된 것이다.

플랫폼에 대한 분류는 몇 가지 기준에 의해 규정된다. 예를 들어 유통 플랫폼에 의해 분류하면 방송 콘텐츠, 인터넷 콘텐츠, 모바일 콘텐츠 등으로 나눌 수 있고, 시장 혹은 수요 측면에서는 게임, 음악, 교육 콘텐츠로 구분이 가능하다. 또한 콘텐츠 형식의 진화과정에 주목하면 콘텐츠 원형, 콘텐츠 작품, 콘텐츠 상품으로 나누어 볼 수 있다. 일반적으로는 앞의 두 가지 분류가 많이 쓰인다.

(2) 원 소스(*one source*) 개발의 중요성 증대

이제 다중의 플랫폼 상에서 동일한 내용의 콘텐츠가 매체를 바꿔가면서 손쉽게 전달되는 융합환경이 도래한 것이다. 이 때문에 디지털 콘텐츠 생산에서 생산자가 직면하는 초판비용에 대한 위험은 더욱 높아졌다. 이제 다양한 경로를 통해 분화된 시장에 접근하기 위해 원 소스(*one source*)의 개발은 문화콘텐츠 성공의 가장 중요한 요건이 되고 있다.

최근 문화계의 동향을 살펴보면, 문학작품이나 연극, 만화 등을 원작으로 하는 영화, 드라마가 많이 생산되고 있다. 또 각색영화와 드라마가 인기를 끌면 다양한 매체를 통해 멀티 유즈되어 수익이 극대화된다. 예를 들어 흥행과 예술성에 성공한 영화로 여겨지는 〈왕의 남자〉도 원래 역사의 기록을 바탕으로 한 연극대본을 다시 영화화한 것으로서 OSMU를 통해 원 소스가 다양한 매체에서 구현된 사례를 보여준다.

만화가 드라마로 제작된 사례로 허영만의 〈퇴역전선〉, 〈아스팔트 사나이〉, 〈미스터 Q〉, 김수정의 〈일곱 개의 숟가락〉, 원수연의 〈풀하우스〉, 강희우의 〈불량주부〉, 방학기의 〈다모〉 등이 있는데 모두 시청자들의 좋은 반응을 이끌어냈다. 최근에는 영화를 원작으로 한 소설 및 만화가 창작되기도 했다. 예를 들면, 임태형 감독의 〈안녕, 형아〉가 만화와 소설로 각색되었고, 허진호 감독의 〈외출〉은 소설가 김형경에 의해 동명소설로 각색되었다.

또한 TV 방송물이 서적으로 출판되는 경우도 비일비재하다. 예를 들어 방송 프로그램인 〈그 남자 그 여자〉, 〈위대한 밥상〉, 〈스펀지〉 등은 책으로 출간된 후 베스트셀러가 되기도 했다.

왜 이렇게 하나의 원천소스가 변형되어 다른 장르로 나아가는 것이며 이런 방식으로 수요자들의 마음을 살 수 있는 것일까? 앞에서도 잠깐 언급했듯이 원 소스 멀티 유즈의 가장 큰 원인은 유비쿼터스 컨버전스 현상이다.

정보화가 가속화되면서 컴퓨팅 패러다임은 전산화, 정보화, 지식화, 유비쿼터스화 순으로 변화했다. 전산화는 업무를 자동화하여 효율적으로 처리하는 데 중점을 둔 정보기술 활용단계였다. 정보화 단계는 인터넷을 통해 정보의 컴퓨터를 통해 사람과 정보를 이어주었고 지식화 단계는 지식관리 시스템(KMS)으로 조직의 지식수준을 높였다.

〈표 2-4〉 원작에 기초한 2003년 개봉영화

작품	원작	제작사	비고
〈오구〉	이윤택(극작가)	(주) 무비캠	연극→영화
〈아리랑〉	나운규	(주) 시오리엔터테인먼트	리메이크
〈오세암〉	정채봉(동화작가)	(주) 마고 이십일	동화→애니
〈동승〉	함세덕(극작가)	스펙트럼 필름 코리아	연극→영화
〈살인의 추억〉	김광림(극작가)	(주) 싸이더스	연극→영화
〈초승달과 밤배〉	정채봉(동화작가)	(주) 시네마 시스템	소설→영화
〈올드보이〉	츠치야 가론 미네기시 노부아키	(주) 쇼이스트	해외만화→영화
〈스캔들〉	쇼데를로드 라클로	(주) 영화사 봄	해외소설→번안
〈국화꽃 향기〉	김하인(소설가)	(주) 태원엔터테인먼트	소설→영화
〈비디오를 보는 남자〉	임영태(소설가)	(주) BK시네마	소설→영화

출처: "문화산업 분야에서의 인문학 활용 현황과 활성화 방안"(경제 · 인문사회연구소, 2005).
나운규-시오리엔터테인먼트.

새로운 패러다임인 유비쿼터스화 단계는 정보기술을 가상공간이 아닌 물리공간에서 활용하는 것을 목적으로 하며 '거리의 지능적 부활'을 가져온다. '모든 곳에 존재한다'라는 뜻의 라틴어인 'ubiquitas'에서 유래한 유비쿼터스는 어원 그대로 '어디에나 있는'이라는 뜻이다. 이 용어의 사용은 제록스사의 팔로 알토 연구소(PARC)의 마크 와이저에 의해 행해진 '쉬운 컴퓨터 연구'(1988년)가 시작이다. 오늘날 유비쿼터스화란 사람, 컴퓨터, 사물들을 네트워크로 연결하고, 3차원으로 정보를 수신 및 발신하게 되는 컴퓨팅의 발전단계를 의미한다.

마크 와이저가 구분한 유비쿼터스 컴퓨팅의 특징은 다음과 같다.

첫째, 유비쿼터스 컴퓨팅은 반드시 네트워크에 연결되어야 한다. 둘째, 눈에 보이지 않는 인간화된 인터페이스여야 한다. 셋째, 현실세계의 어디서나 컴퓨터의 사용이 가능해야 한다. 넷째, 사용자 상황(장소, ID, 장치, 시간, 온도, 명암, 날씨 등)에 따라 서비스가 변해야 한다. 유비쿼터스란 언제 어디서나 우리 주변에 중요하게 존재한다는 뜻이며, 컨버전스는 기술, 비즈니스, 산업 등의 가치요소를 결합해 새로운 가치를 창출해내는 것을 의미한다.

유비쿼터스 컨버전스는 분야별 성격에 따라 기술 컨버전스, 서비스 및 비즈니스 컨버전스, 산업 컨버전스 등으로 구분되며, 2006년은 유비쿼터스 컴퓨팅 관련시장의 기반 구축기를 지나 확산기로 이행되는 중요한 시점이 될 것이다.

현재 세계적으로 2억 대의 PC가 보급되었으며, 정보기기는 100억 대 이상 보급된 것으로 추정된다. 인터넷과 휴대전화는 이미 대중화되었으며, 이를 통해 PC, 휴대전화, 개인휴대단말기(PDA), 가전제품 등이 유무선 인터넷으로 통합되고 있다. 유비쿼터스 혁명이 시작된 것이다. 이제 서로 독특한 특성을 지녔던 제품들의 기능들이 하나의 방향으로 수렴(*Converge*)하여 가는 현상들은 점차 확산될 것이 틀림없다.

현재 디지털 컨버전스, 더 확실하게 말한다면, 유비쿼터스 컨버전스는 방송융합, 유무선의 통합, 미디어의 융합, 음성 데이터 통합 등으로 나타나며, 그 결과물로 DMB, IP-TV, 웹캐스트(홈미디어), 휴대폰TV(June, Fimm), WLAN, 와이브로, HSDPA 등 통신, 가전, 컴퓨팅 등이 유기적으로 융합된 형태의 제품과 서비스를 들 수 있다.[11]

〈그림 2-10〉 디지털 컨버전스의 개념

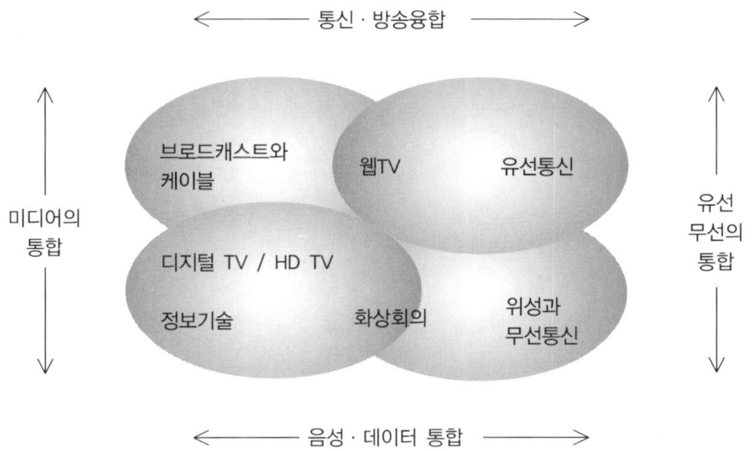

11 이지은, "방송과 통신의 컨버전스 데이터 서비스 비즈니스 모델-지상파 DMB BWS 서비스 모델을 중심으로", 서울벤처정보대학원, 2006. 1, 7~15쪽.

방송통신 융합이 빠르게 이뤄진 것은 매체의 융합적 속성 때문이다. 이제 콘텐츠는 복수의 광대역 플랫폼에서 동일 콘텐츠가 소비자에게 직접적이고 동시다발적으로 유통될 것이며, 그 징후들은 곳곳에서 나타나고 있다.

예를 들어 영화가 위성 DMB를 통해 모바일 폰으로 상영될 경우, 시청자의 44%가 차 안에서, 6%가 길거리에서 감상하는 것으로 나타났다. 영화에서 시청자들이 주로 이용하는 콘텐츠는 무료 예고편 판이나 최신영화였다. 작은 화면과 소란하고 산만한 환경 때문에 짧게 정보를 볼 수 있는 콘텐츠가 인기를 끌고 있는 것이다.

이 때문에 모바일 전용 영화가 새롭게 등장하고 있고 인기도도 높은 편이다. 물론 모바일에 담기에 불가능한 장르는 없다. 그러나 엄청난 스케일과 현란한 특수효과를 담아야 하는 SF영화는 현실적으로 곤란하다. 무협영화처럼 빠른 행동이 나타나는 것도 화면에 담기 어려울 것이다. 결국 모바일 영상 콘텐츠는 짧은 시간에 의미 전달이 가능하고 비교적 단순한 이미지가 적합하며 진지하고 무거운 주제보다는 가벼운 주제가 적당하다. 최근에는 여러 조사에 의해 장시간의 집중과 추가요금을 부담하는 풀 버전(*full version*) 형태의 서비스보다는 10~13분 정도의 별도 요약버전이 적합하다고 판단하고 있다. 이처럼 극장, 혹은 TV, 이동전화에 따라 콘텐츠의 형식이 달라지면서 이윤을 창출하기 때문에 원 소스 콘텐츠의 개발은 문화콘텐츠 산업에서 가장 중요하다.

지금까지 방송통신 융합의 전개과정은 네트워크 사업자들에 의해 이루어진 측면이 있었으나 앞으로의 방향은 콘텐츠 중심으로 전체 산업의 가치사슬이 재편되고 달라질 것이다. 이는 미래의 콘텐츠 유통은 복

〈그림 2-11〉 조앤 K.롤링의 해리포터 시리즈

조앤 K.롤링의 소설
《해리포터와 혼혈왕자》

2007년에 개봉한 영화
《해리포터와 불사조 기사단》

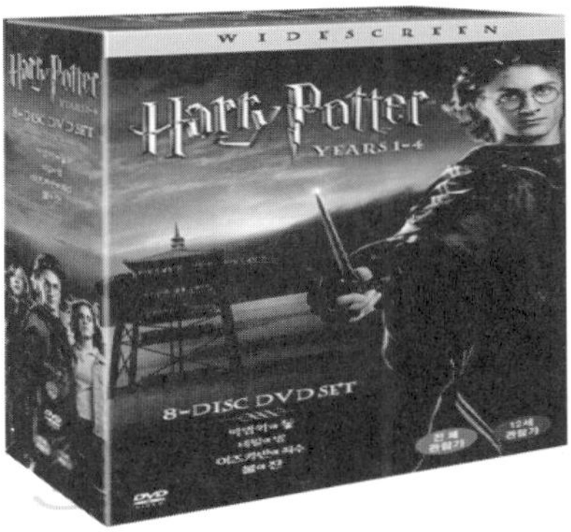

영화 〈해리포터〉 시리즈
4편까지의 DVD판

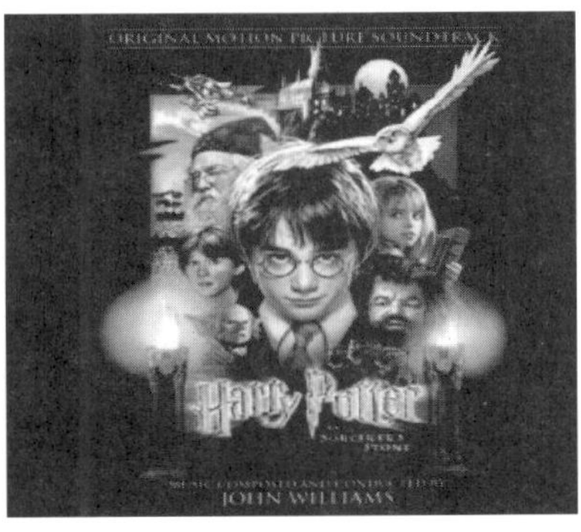

〈해리포터〉 영화 OST

〈그림 2-12〉 해리포터 시리즈 인물 캐릭터

수의 광대역 플랫폼에서 동일 콘텐츠가 소비자에게 직접적이고 동시다발적으로 유통될 것이기 때문이다. 가치사슬이 단순화됨으로써 어떤 경로로 어떻게 유통되느냐의 문제보다 무엇이 유통되는가에 자연스럽게 비중이 주어진다. 이 상황에서는 콘텐츠 영역이 전체 가치사슬에서 가장 중요해질 것이다.

예컨대 〈해리포터〉라는 콘텐츠는 처음에 소설로 창작되어 문화상품으로 유통되었지만 디지털 콘텐츠로 전환되어 e-book, 영화, DVD는 물론 OST, 게임, 캐릭터 등의 형태로 분화되어 다중의 플랫폼을 통해 유통되었다. 미 경제 전문지 〈포브스〉(*forbes*)는 2006년 중반에 2005년 한 해 동안 가장 많은 수익을 올린 캐릭터를 발표했는데, '해리포터'는 '미키마우스와 친구들', '푸와 친구들', '반지의 제왕의 프로도'에 이어 4위를 차지했다. 1위부터 3위까지의 캐릭터들도 모두 OSMU의 가치사슬 속에서 성공한 케이스이다. 그리고 《해리포터》를 소설로 처음 쓴 조앤 K. 롤링은 2005년 한 해 동안 총 4,100만 파운드(약 750억 원)를 벌었다.

2) 미디어 융합을 고려한 콘텐츠 정책

(1) 콘텐츠 중심의 정책

미디어 융합은 '경계의 사라짐'과 '분절된 영역의 합쳐짐'을 의미한다. 방송의 경우 일방향에서 양방향으로 바뀌는 현상이 등장하며, 통신망을 통해 방송콘텐츠가 곧바로 소비자에게 전달되기도 하고, 소비자는 방송망을 통해 인터넷이나 전화 등의 통신을 할 수도 있다. 그리고 이런 변화는 새로운 콘텐츠 형식을 만들어낸다.

대표적으로 통신망을 통한 방송서비스는 IPTV와 인터넷방송, 휴대전화 방송 등을 들 수 있으며 방송망을 이용한 통신서비스는 케이블TV의 초고속 인터넷 서비스와 인터넷 전화 등을 꼽을 수 있다. 이렇게 되면서 광대역통신망(BcN)의 등장과 3세대 모바일 기반 미디어서비스의 활성화 등으로 미디어 융합은 신규 콘텐츠의 기획, 개발, 제작에 간접적으로 영향을 미치고 있다.

예를 들어 인터넷 방송을 위한 콘텐츠의 제작은 기존의 공중파 방송과는 다른 방식을 취해야 한다. 우선 공중파 방송은 일차적으로 자국 시청자들을 대상으로 하며 그들의 시청률에 초점을 맞춘다. 당연히 자국의 관심사가 방송 콘텐츠의 대상이 되거나 자국인이 관심을 지니는

〈그림 2-13〉 24시간 대중음악, 팝, 영화 등을 제공하는 인터넷 방송국 '인라이브'

세계의 정황들이 콘텐츠의 주제가 된다. 그러나 인터넷 전용 콘텐츠는 자국(自國)뿐 아니라 전 세계 네티즌을 시청 가시권으로 하기에 기획단계에서부터 공중파 방송 콘텐츠와는 차별화될 수밖에 없다.

최근에는 국내 지상파 방송 3사도 이미 자체 제작한 콘텐츠를 디지털 정보로 바꿔서 홈페이지에 담아 다양하게 중계하며, 증권전문방송, 음악전문방송, 기업방송, 성인방송, 게임방송 등 각 분야에서 인터넷 방송이 활성화되는 추세이다.

많은 학자들이 이제 디지털미디어 시장의 중심이 네트워크와 기계에서 디지털 콘텐츠로 이동했다고 분석하는데, 보다 구체적으로 설명하자면 세계 디지털콘텐츠 산업이 현재 디지털영상 중심으로 재편되어 구성되고 있다는 것이다. 영상 · 포털 · 출판 · 음악 · 교육 등을 종합한 디지털 콘텐츠 시장에서 디지털영상 분야는 49.7%로 대단히 중요한 위

〈그림 2-14〉 인터넷 증권방송 '다인에셋'

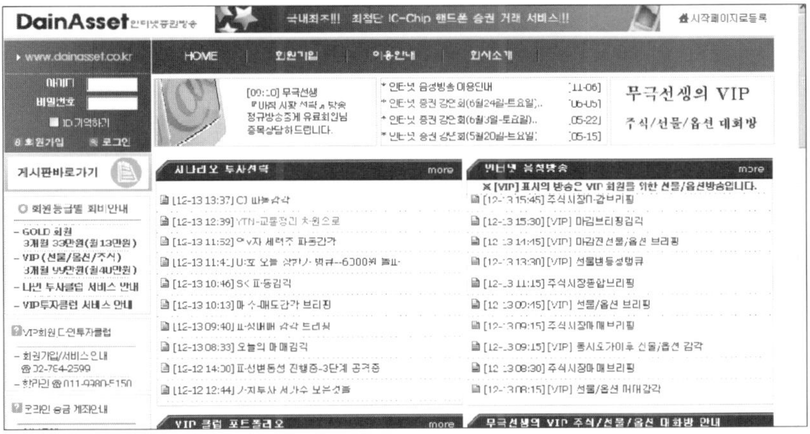

투자전략 및 시황브리핑, 주식시장 관련 음성방송을 제공.

치를 점하고 있다.

2006년 7월 '방송통신 융합시대 디지털콘텐츠의 현황과 미래전략'을 주제로 열린 한국방송영상산업진흥원 주최 세미나에서 성열홍 CJ시스템즈 본부장은 "2010년까지 모바일 콘텐츠, 온라인 음악시장이 연평균 35%, 45%로 고성장할 전망"이라고 주장한 바 있다. 또 YBM 서울음반을 인수, 음악포털 멜론을 열고, TU미디어를 통한 콘텐츠 분야 투자를 밝힌 SK텔레콤 사례 역시 미디어의 융합 시대에는 콘텐츠를 확보하는 것이 중요하다는 사실을 보여주는 대표적 사례이다. 싸이더스 FNH를 인수한 KT의 사례 등도 같은 맥락으로 이해할 수 있으며, 하나로 텔레콤도 종합미디어그룹 전략을 적극적으로 드러내고 있다.

최근 휴대용 멀티미디어 플레이어(PMP) 업계는 동영상 콘텐츠 분야를 새로운 수익사업으로 보고 경쟁업체들끼리 치열한 싸움을 벌이는

〈그림 2-15〉 삼성 옙 미디어 스튜디오

중이다. 삼성전자와 같은 PMP 업체들은 동영상 콘텐츠 확보에 우선적으로 주력하고 자체 구축한 포털을 통해 이미 확보한 콘텐츠의 무단 사용을 막을 수 있는 '디지털 저작권 관리'(DRM)를 강화하면서 MP3 포털 옙 스튜디오를 '삼성미디어스튜디오'로 확대해 운영하고 있다. LG 전자도 조만간 동영상 콘텐츠가 망라된 사이트인 '미디어센터'를 만들 예정이다. 현재 PMP 업계는 주로 교육관련 동영상을 확보하는 데 치중하고 있다. 교육 콘텐츠의 경우 강의내용이 수시로 업데이트되는 데다 저작권 보호도 상대적으로 쉽기 때문으로 보인다.

때문에 앞으로 PMP 업계는 영화, 애니메이션, 드라마 등 다양한 콘텐츠를 확보해야 할 문제가 숙제로 남아있다. 그 과제를 해결하기 위해서는 P2P 사이트의 불법 다운로드를 봉쇄하는 등 지적재산권 보호문제 등을 확실히 해야 한다.

(2) OSMU와 저작권법

매체환경의 성장으로 원소스 멀티 유즈의 창작방식이 극대화됨으로써 저작권 문제에 종래와 다른 복잡한 문제가 일어나게 되었다. 저작재산권은 크게 복제권, 공연권, 공중송신권, 전시권, 배포권, 대여권, 2차적 저작물 작성권으로 나뉘는데 2차적 저작물 작성권은 원저작물을 근거로 2차 저작물을 작성한 경우를 말한다. 그러나 이러한 경우 어디까지를 원저작물의 소유로 인정해야 할지 애매한 경우가 많다.[12] 심지어 내용은 다르나 제목만 차용하는 경우, 전체적인 구도만 비슷한 경우도 위법으로 문제 제기되는 사례가 최근 들어 늘고 있다.

이 문제를 해결하기 위해 최근에는 다양한 방법으로 사전에 저작권 문제를 헤쳐 나가고 있다. 예를 들어, '가이낙스'는 판권수입을 획득하기 위해 저작권 문제에 적극적으로 개입하였다. 관례적으로 제작비를 투자한 TV 방송국이나 서점이 저작권을 소유하고 제작사는 판권수입 분배에서 제외되어 왔으나 '가이낙스'는 계약조건부터 자신들의 소유를 주장하여 'TV도쿄'와 저작권을 공동소유하게 되었다.[13]

최근 들어서는 제작 초기단계부터 체계적으로 상품을 개발하고 저작권을 관리하는 사례가 늘고 있다. '둘리나라'는 1995년 설립 이후 라이선싱과 머천다이징 사업까지 체계적으로 관리함으로써 막대한 이익을 올리고 있으며 상품성을 20년이 지난 지금까지 지속적으로 유지할 수 있게 되었다. '마시마로'의 경우, 초기에는 이 작품을 연재하던 인터넷

12 저작권보호센터, "2007 저작권 침해방지 연차보고서", 2006.11. 문화관광부 홈페이지.

13 고정민, "애니메이션 비즈니스 사례와 성공전략", 2004. 5. 27, 23쪽.

사이트와 분쟁이 있었으며 캐릭터 제조업과도 저작권 관련 소송이 있었으나, 2001년 아예 직접 회사를 설립하여 저작권을 관리하고 있는 상황이다.[14]

해외의 사례를 살펴보면, '포켓몬'은 저작권을 사업 초기에 공유함으로써 각 업체의 적극적인 마케팅을 유도하였다. 비디오와 휴대용 게임은 '닌텐도', 애니메이션은 '쇼가쿠간 프로덕션', 원작자는 '크리처스', 애니메이션 방송은 '도쿄 TV' 등으로 분배되어 있다. 또 저작권 보호를 위해서 별도의 회사를 설립, 관련 상품에 대한 라이선싱 사업을 성공적으로 전개하고 있다.[15]

최근에는 UCC의 새로운 영상제작, 감상형태가 등장하면서 저작권의 범위는 더욱 복잡해지고 있다. UCC의 경우, 순수창작(33.2%)보다는 기존에 존재하는 음악물, 영상물, 출판물 등을 활용하여 제작하는 사례(66.8%)가 훨씬 많아 저작권자의 권익보호문제에 심각한 문제점을 드러내고 있다.[16]

패러디물의 경우 필연적으로 이전의 동영상이나 사진 등이 표현을 위해 사용되는데 이 경우까지 저작권을 물을 경우 창작의 영역은 심하게 위축될 수밖에 없다. 인터넷의 특징이 '다시쓰기'에 있는바 수많은 프로추어들이 제작된 영상물의 감상방식을 창작의 방식으로 연결시키고 있는 이 즈음, 저작권에 대한 새로운 정의와 접근에 있어 혁신적인 방안이 검토되어야 할 수 있는 것이다.

---

14 위의 글, 28~34쪽.

15 위의 글, 51~52쪽.

16 저작권보호센터, 앞의 글, 120~122쪽.

제 3 장

가치사슬의 변화

1. 가치사슬과 제작유통의 중요성 변화

문화콘텐츠 산업의 전통적 가치사슬은 제작, 1차유통, 2차유통으로 구성된다. 제작은 콘텐츠를 기획하고 생산하는 단계이며, 1차유통은 배급이나 도매상과 같이 최종유통의 중간유통을 말하며, 2차유통은 최종소비자에게 콘텐츠를 전하는 최종유통 단계를 말한다.

또 문화콘텐츠 산업은 그 특성에 따라 통신형, 극장형, 패키지형 등 세 가지로 구분된다. 첫째, 통신형은 통신망을 이용하여 콘텐츠를 전달하고 유통하는 분야로서 방송, 인터넷, 무선통신 콘텐츠 등이 있다. 둘째, 극장형은 극장에서 상영이나 공연을 통해 관람객에게 콘텐츠를 보여주는 분야로서 영화, 공연 등이 이에 해당한다. 셋째, 패키지형은 들고 다닐 수 있도록 저장된 소프트를 영상 및 음반기기를 통해 즐길 수 있는 분야로 콘솔게임, CD 등의 음반, 비디오, DVD 등을 들 수 있다.

그런데 유무선 통신네트워크 용량 및 속도발전으로 데이터만이 아니라 대용량 영상전송도 가능해진 데다 유비쿼터스 환경의 조성으로 소비자들은 언제, 어디서나 콘텐츠를 요구하게 되었다. 이러한 변화 때문에 전통적인 가치사슬이 파괴되고 새로운 가치사슬의 형성이 이루어지기 시작한다. 문화콘텐츠의 가치사슬은 문화콘텐츠의 각 분야에 따라 약간씩 다르지만 기본형은 제작(콘텐츠 생산), 1차유통(중간유통), 2차유통(최종유통), 소비자(관객, 시청자)로 나뉘는데 최근 기존 가치사슬이 파괴되고 새로운 가치사슬이 생성되고 있다.

〈그림 3-1〉 문화콘텐츠 산업의 가치사슬

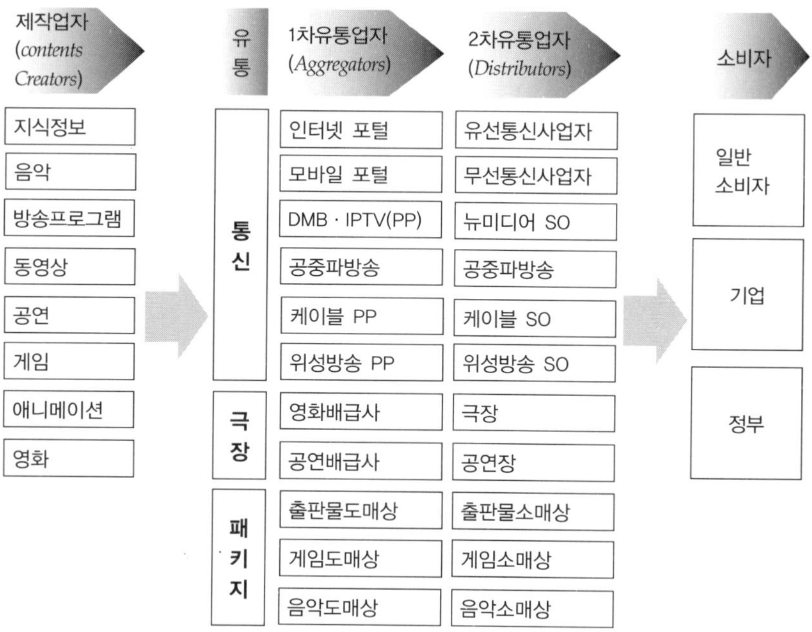

출처: "통신기업의 콘텐츠 산업 진입—의미와 전망"(삼성경제연구소, 2006).

예를 들어 극장형, 패키지형은 디지털 기기의 보급에 따라 통신형 가치사슬로 변화되는 양상을 보인다. 영화나 게임, 음반이 인터넷이나 모바일을 통해 전송되는데 최근 P2P 방식의 다운로드 때문에 저작권 문제로 비화되고 있다. 통신형의 경우 망사업자, 포털사업자, 콘텐츠 디지털 변환사업자들이 개입되어 제작과 유통이 모두 복잡한 구조로 발전하고 있다. 모바일 콘텐츠의 경우 콘텐츠 제공, 어플리케이션 개발, 퍼블리셔, 포털, 네트워크 사업자들로 분화하고 있다.

〈그림 3-2〉 가치사슬의 변화

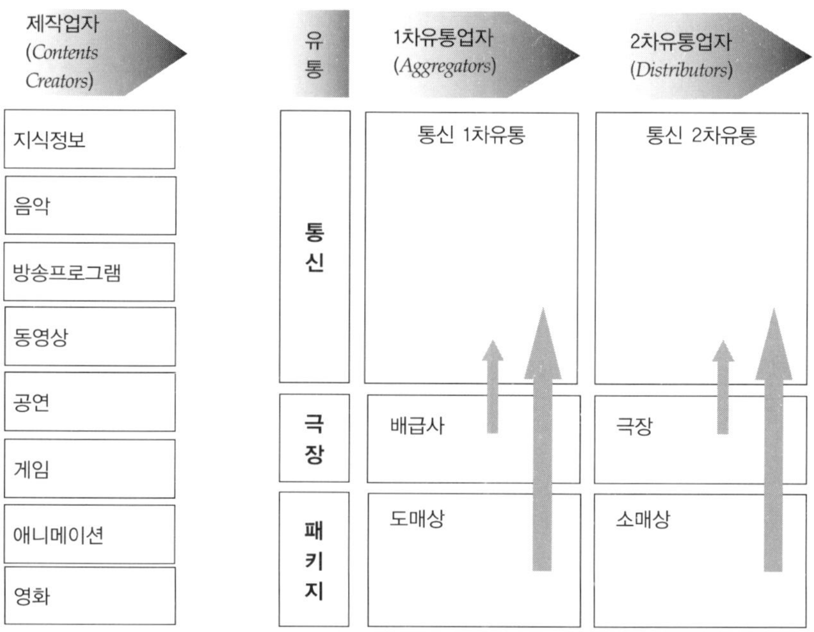

주: 가치사슬상 화살표 방향으로 유통이 이동.
출처: 통신기업의 콘텐츠 산업 진입-의미와 전망(삼성경제연구소, 2006).

또한 유통창구가 크게 증가하면서 유통회사 간의 경쟁은 치열해지는 반면 제작부문의 가치는 더욱 높아진다. 유통창구가 증가하기 때문에 OSMU가 더욱 확대되면서 제작자의 가치가 상승하는 것이다.

인터넷 · 모바일이 보급되기 이전에는 영상부문에서 유통의 힘이 강할 수밖에 없다. 역사적으로 콘텐츠 산업 초기에는 제작 대 유통의 파워게임에서 제작이 우세했다. 그 예로 미국의 메이저도 초기에는 제작에서 시작되었으나 대형 인수합병을 통해 소비자에 대한 파워가 강해진 대형 유통업자들이 영상가치사슬에서 점차 중요한 위치를 차지하기 시작했다. 컴캐스트(Comcast), 다이렉티브(DirecTV), 에코스타(EchoStar), 타임워너, 콕스(Cox) 등 영상 유통업자들이 전체 미국 텔레비전 가입자의 60%를 차지한 실정이다. 이 과정에서 제작에서 시작한 많은 대기업이 유통을 소유하는 수직계열화를 지향하게 된다.

이에 따라 유통기업들은 콘텐츠 제작업에 대한 가격협상력이 생겼다. 컴캐스트는 AT&T 브로드밴드 인수로 가입자가 800만에서 2,100만 명으로 증가하면서 콘텐츠 업체에 대한 가격협상력이 생겼고 확대된 회사규모를 배경으로 콘텐츠 제공업자의 콘텐츠 가격인상률을 과거 두 자리에서 한 자리수로 하향조정하였다. 이는 가치사슬의 한 분야에서 다른 분야로 가치가 재분배되는 것을 의미한다. 이 과정에서 유통업자가 좀더 많은 광고수입과 가입료를 배분받게 된다.

그러나 최근 유통창구의 증가로 파워의 무게중심이 유통에서 다시 제작으로 변화하고 있다. 가치사슬상 유통이 다양화되면서 소비자는 콘텐츠의 선택폭이 넓어지고 시청시간이 유연해졌고 콘텐츠 소유자는 광고 및 가입자를 통해 수익을 확대하고 소비자를 확보할 수 있는 많은 유통채널이 생겨났기 때문이다. 즉 과거에 비해 새로운 제작물을 활용할 수 있는 유통창구가 증가하면서 유통업자들의 교섭력이 약해지자 힘의 무게중심이 다시 콘텐츠 제공업자로 이동하게 된 것이다.

다른 장에서 상론하겠거니와 콘텐츠 제공자로의 무게중심 이전은 문화콘텐츠 '산업'을 종래의 순수예술자의 창작과정과 비슷하게 만든다. 20세기 문화산업, 혹은 대중문화의 출현은 예술을 상품화함으로써 작품 창작자의 자율성이나 권익보다는 문화상품의 유통을 강조하게 만들었다. 그런데 방송통신 융합은 이런 유통의 강조에 새로운 변화를 일으켰다.[1]

BCN[2]의 급속한 진전과 통신·방송의 콘텐츠 및 단말기의 융·복합화로 영상압축 및 네트워크 광역화 등의 기술이 발전하고 이로 인해 방송과 통신의 영역이 무너지고 있다. 대표적 융합서비스로는 DMB, IPTV, 와이브로 등을 들 수 있다.

---

1 고정민, 앞의 글, 1~14쪽.

2 광대역통합망(*Broadband Convergence Network*)은 유·무선 및 통신·방송 등이 융합되는 정보통신 환경에서 품질이 보장되는 광대역 멀티미디어 서비스를 언제 어디서나 끊임없이 안전하게 이용할 수 있는 차세대 통합 네트워크를 말함.

2. 미디어 산업의 재구조화와 정부부처의 재구조화 문제

1) 기업들의 재구조화 양상

(1) 국내기업들의 경우

① 통신기업의 사업다각화

국내 기업의 경우 KT와 SKT 등 통신회사를 중심으로 방송콘텐츠 진입이 본격화하고 있으며 이에 따라 통신회사들은 콘텐츠 기업들과의 단순한 협력관계에서 벗어나 콘텐츠를 직접 확보할 수 있는 지분 확보 또는 인수 단계로 발전하고 있다.

SK는 2003년에 'SK 커뮤니케이션'을 통해 '싸이월드'를 인수하고 유무선 포털 사이트인 '네이트 닷컴'과 합병함으로써 주요 커뮤니티 포털로서의 입지를 강화했으며 2006년에는 야후코리아 인수를 시도하는 상황으로까지 발전하고 있다. 음반시장에까지 사업다각화 노력은 펼쳐져서 SK는2005년 음반업체인 'YBM 서울'을 인수하여 최근 휴대전화 음악서비스인 '멜론' 등에 필요한 음원을 확보하였다.

'YBM 서울'은 17%의 음반시장 점유율을 기록하고 있는데, 현재는 SKT가 지분 60% 이상을 인수하여 음반시장의 시장 지배력을 확보하고 있는 실정이다. 또한 같은 해(2005) SKT는 종합미디어 그룹으로 도약하기 위한 노력으로 종합엔터테인먼트 기획사인 'IHQ'의 지분 21.7% 인수에 이어, 2006년에는 총 34.91%까지 지분율을 높였다.[3] 마찬가지로

〈그림 3-3〉 사업영역을 넓히는 SK텔레콤

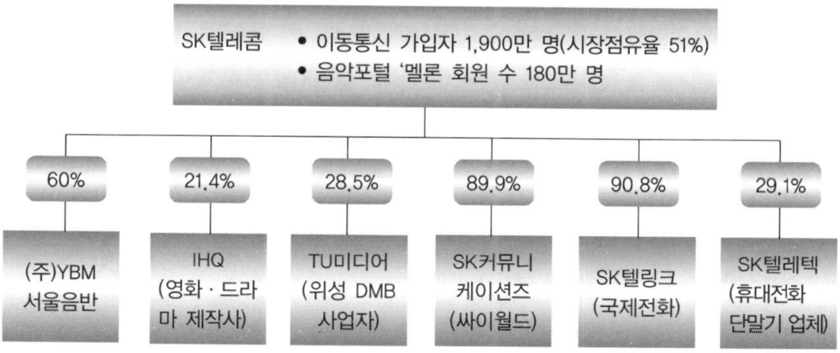

출처: 〈중앙일보〉 2005년 5월 27일자.

2005년에 'IHQ'를 통해 'YTN 미디어' 인수를 추진하였다. 'IHQ'는 케이블 TV 및 위성방송 PP(*Program Provider*) 사업체인 'YTN 미디어'의 지분 51.42%를 인수하는 데 성공하였다. 'YTN 미디어'의 인수는 'IHQ'의 장기적인 미디어사업 진출의지와 아울러 스스로 보유하고 있는 기존 콘텐츠와 미디어의 본격적인 통합이라는 의미를 내포한다.

마찬가지로 2005년에는 SKT의 자회사인 'TU 미디어'가 위성 DMB 서비스를 개시한 데 이어 영상 · 음악 등 핵심 분야의 기업들을 인수했다. SKT는 'SK 커뮤니케이션'을 통해 온라인 교육업체인 '이투스'의 지분 27%를 확보하고 2006년에 합병하기도 하였는데 영화, 음악 콘텐츠 기업에 이어 교육 콘텐츠 기업까지 확보한 점에서 의의를 가진다.

KT도 콘텐츠 분야 인수에 활발한 움직이고 있다. 2005년 KT는 그룹

---

3 'IHQ'는 '싸이더스', '엔트리브소프트'(게임개발), '아이필름'(영화제작), '캐슬인더스카이'(드라마 제작) 등의 자회사를 소유한 기업이다.

내 콘텐츠 사업을 총괄 조정하는 'KT 그룹 콘텐츠 사업 협의회'를 전격 출범한 후, 영화사 '싸이더스 FNH'의 지분 51%를 취득(2005)함으로써 콘텐츠 업계에 본격적으로 진입하였다. 통신사업자가 지닌 풍부한 인프라를 통해 영화 콘텐츠 유통채널을 다양화 할 수 있는 구조를 구축한 것이다. 나아가 'Sky Life'의 대주주가 되었고 2006년 IPTV 사업을 위한 시범사업을 추진하는 등 순차적으로 방송부문에 진입하고 있다.2005년에는 'KTH', '고려 E&C' 등과 E-Learning 공동 사업에 관한 협약을 체결하기도 했는데 E-Learning 사업을 시작하기 위해 그룹 콘텐츠 전문회사인 'KTH'와의 협력을 통해 효율적인 사업 체계를 구축한 것이다.

LG 텔레콤은 '뱅크온'(금융칩을 기반으로 계좌조회, 이체, 출금, 해외송금, 적금 납입 등의 기본적 금융서비스를 할 수 있는 모바일 뱅킹), '뮤직온'(LG 텔레콤 또는 뮤직온 홈페이지에서 '뮤직온 MP3 매니저 프로그램'을 다운로드해 회원가입을 하고 이동전화 가입자 인증을 하면 다양한 장르의 음원을 이용할 수 있는 서비스) 등 기존 서비스 강화에 주력한다는 방침을 보이고 있다.

좀더 구체적으로 살펴보면, '뱅크온'은 160만 명의 누적가입자를 확보하고 축적된 노하우를 바탕으로 선두를 유지하는 게 목표이다. 유지할 계획이다. '뮤직온'은 이미 유료디지털 음악콘텐츠 무료체험행사, 스타마케팅, 소비자 캠페인 등을 통해 음악시장을 확보한 상태인데 최근 LG 전자를 비롯한 LG그룹 계열사들도 콘텐츠 사업 진입을 검토중인 것으로 알려졌다.

② 지상파 방송사의 사업다각화

반면 지상파 방송사의 사업다각화는 방송통신 융합시대에 광고수입만으로 경영난을 헤쳐 나가기 어렵기에 때문에 나온, 경제적 수익원을 다변화하기 위한 전략이다. 현재 한국의 지상파방송 구도는 2공영 1민영 구도이지만 수익구조 측면에서 MBC도 상업방송의 하나로 볼 수 있다

방송 3사의 광고시장을 통한 무한경쟁 구도는 시청률 경쟁구도를 격화시키고 그에 따라 지상파방송 3사의 공영적 색깔이 무디어진 것이 현실이다. 특히 매출구성을 살펴보면 광고시장 의존도가 크다는 사실을 알 수 있다. 이 때문에 지상파 방송사가 경영의 불확실성 요인을 줄

〈표 3-1〉 케이블 TV 월간평균 시청점유율

2005년 9월 기준

순 위	PP (방송채널사용사업자)	시청점유율
1	MBC 드라마 넷	8.7%
2	투니버스	8.7%
3	SBS 드라마 플러스	7.7%
4	KBS SKY 드라마	7.4%
5	OCN	5.6%
6	MBC ESPN	4.2%
7	Home CGV	4.2%
8	JEI 재능방송	3.9%
9	YTN	3.7%
10	슈퍼액션	3.3%

출처: TNS미디어코리아, 〈헤럴드경제〉 2005년 11월 10일자에서 재인용.

〈표 3-2〉 조사기관별 DMB 가입자수 전망

		구 분	2005	2006	2007	2008	2009	2010
한국 리서치 2003.7	위성 DMB	월 12,000원	770	1,870	3,270	4,730	5,880	6,500
		단말기 보조금	1,100	2,880	4,690	6,780	8,430	9,330
		지상파 미제공시	360	880	1,540	2,230	2,770	3,060
	지상파 DMB		526	2,514	5,250	6,093	6,876	7,654
			2005	2006	2007	2008	2009	2010
ETRI 2004.9	위성 DMB	비관적 전망	121	316	624	1,094	1,767	2,646
		낙관적 전망	280	750	1,480	2,460	3,540	4,570
	지상파 DMB		800	2,100	4,010	6,460	9,090	11,420
TU미디어 2004.12	위성 DMB		2005	2006	2007	2008	2009	2010
			660	1,400	2,660	5,760	6,590	7,210

출처: "위성 DMB 사업성 분석", KT 경영연구소, 2005.

이고 안정적인 수익기반을 확보한다는 측면에서 광고 이외의 수익원을 발굴하려는 것은 당연한 귀결이며 그 방안으로 사업다각화 노력을 펼치는 것은 불가피한 선택이라 할 수 있다.

현재 방송 3사가 시장 지배적 사업자로서 위상이 변화하는 추세가 매우 뚜렷하게 나타나고 있다. 대표적 사례로 지상파 방송 3사가 이미 적극적으로 케이블 TV 시장에 참여하고 있으며 지상파 3사의 자회사가 케이블 TV PP사업에 진출해서 성과를 거둔 것을 꼽을 수 있다. 2004년 지상파 계열 PP의 매출액은 1,573억 원으로 전년의 1,031억 원보다 542억 원 증가했으며, 일반 PP 전체 매출액 대비 지상파 계열 PP의 점유율은 2004년 13.6%로 2003년도 11.2% 보다 증가세를 보이고 있다.

지상파방송 3사는 케이블 TV를 통한 성공적인 사업다각화에 이어

〈표 3-3〉 방송사의 소유제한 및 겸영제한의 범위

사업자 \ 규제사항	소유제한				겸영제한			
	대기업	외국 자본	일간 신문	1인 지분	지상파	SO	위성	PP
지상파방송사업자	금지	금지	금지	30%	–	금지	30% (주식)	–
종합유선방송사업자 (SO)	–	49%	33%	–	금지	20% (주식)	–	20%
위성방송사업자	33%	33%	33%	–	–	33%	33% (주식)	–
방송채널사용사업자 (PP)	–	49%	–	–	–	20% (구역)	–	33% (매출액)
보도PP	금지	금지	금지	30%	–	20% (구역)	–	33% (매출액)

출처: 2006.6월 현재. 각종 방송법령집 참조.

또 하나의 사업다각화 대상인 지상파 DMB 사업도 현재 진행중인 한편 디지털 방송전환을 계기로 양방향 데이터방송도 준비중이다. 통계로 미루어 보건대, 지상파방송사는 전반적인 미디어 산업의 변화흐름을 읽고 이에 적절하게 대처하고 있다고 볼 수 있다.

그러나 사업다각화를 꾀하는 과정에서 제한요인으로 작용하는 것이 있는데, 그것은 미디어 산업의 특성에 의한 것이다. 우선 미디어산업은 민영기업일지라도 공익적 책임으로부터 자유로울 수 없다. 이런 방송의 공공재적 특성 때문에 2공영 1민영 방송체제를 근간으로 해온 우리나라에서는 이종매체 겸영에 대한 소유제한이 엄격하게 이루어지는 형편이다. 당연히 국내 지상파 방송사는 미디어산업을 글로벌화하는 작업과 사업다각화의 과정에서 제약을 받을 수밖에 없다.

〈표 3-3〉에서 확인할 수 있듯이 방송시장의 겸영규제는 사실 지상파 방송사를 겨냥한 것이라고 볼 수 있다. 이에 따라 지상파 방송사는 사업다각화를 모색, 광고시장 의존율을 낮추고 수익원을 다변화하려고 노력하고 있다. 그러나 지상파 방송의 사업다각화에는 이종매체 겸영 제한을 포함한 정책적 측면과 함께 공공성을 바탕으로 하는 산업적 특성이 일정부분 제약요인 으로 작용하는 것이 사실이다.

(2) 국외기업들의 재구조화

① 통신기업의 사업다각화

국외 통신기업들의 사업다각화에는 저마다 자국 미디어 시장의 특성이 반영되어 있다. 이들은 모두 콘텐츠 시장의 중요성을 빠르게 인식하고 종합미디어 그룹으로 발빠르게 전환하였다. 방송과 통신의 규모와 내용 측면에서 세계 주요 국가는 저마다 뚜렷한 특징을 보이면서 구분된다. 먼저 주요 국가의 미디어 시장의 규모와 특성을 종합해 보면 〈표 3-4〉와 같다.

〈표 3-4〉 주요 국가별 미디어 시장 특성

	미국	캐나다	영국	프랑스	독일	중국	일본	한국
인구(M)	289	31	59	60	82	1.3B	127	48
GDP($B)	10384	717	1560	1431	1984	904	3567	477
GDP per capita ($)	35200	22300	24300	21700	22500	4600	32800	9000
HHs(M)	112	12	25	25	35	351	48	14
TV 광고($B)	67	2	5	3	5	3	14	2
TV HHs(%)	99	99	97	94	97	97	99	99
VCR(%)	91	86	87	82	69	20	80	79
DVD(%)	40	40	14	11	8	–	–	–
케이블(%)	72	66	15	17	56	30	11	74
위성(%)	14	25	27	16	39	–	7	8
인터넷(M)	155	15	39	28	43	100	65	29
인구비중(%)	68	48	66	47	52	8	51	61
광대역(M)	70	5	4	5	6	15	17	14
인구비중(%)	24	17	7	8	7	1	13	29

출처: "지상파 방송사의 사업다각화 및 해외시장진출 전략", 전범수, 2005.

▪ 미국

미국의 FCC는 1992년에 지역전화 사업자들의 CATV 사업 진출을 금지하던 기존 정책을 바꾸어서 비디오 서비스를 허용하고 CATV 사업자도 전화 서비스를 할 수 있도록 하였다. 1996년에는 통신법 개정을 통해 통신사업자와 방송사업자의 상호 시장진입과 지분투자를 허용하였다.

이 과정에서 장거리전화 사업자인 'AT&T'는 1998년과 1999년에 걸쳐 미국 제 2의 케이블 MSO인 'TCI'와 제 4의 케이블 MSO인 'MediaOne Group' 등 2개의 케이블 TV 사업자를 인수함으로써 미국 최대의 케이블 TV 사업자(AT&T Broadband)로 변신하였다. '바이어컴'(Viacom)은 'CBS'를,

'MCI 월드'는 '스프린트'(Sprint)를, 미국 최대 온라인 서비스 사업자인 'AOL'(American On Line)은 2000년 세계 최대 미디어 그룹인 '타임워너'(Time Warner)를 인수하는 등 전화, 케이블 TV, 컴퓨터 사업자들 사이에서 대규모의 합병이 이루어졌다. 특히 'AOL'과 '타임워너'의 합병은 방송통신 융합시대의 결정판이라 할 만큼 그 규모와 의미가 큰 것이다.

그러나 이런 성공적인 사례만 있었던 것은 아니었다. 'AT&T'는 광대역 사업 실패로 인해 '컴캐스트'에 매각되었고, 'AOL'의 '타임워너' 인수 역시 무리한 합병 및 네트워크와 콘텐츠 부문 간의 시너지 창출 실패로 막대한 적자에 시달리게 되었다. 이는 기업결합이든 신규 서비스 창출 시장 진입이든 투자 및 서비스의 적시성이 성공요인임을 보여주는 중요한 사례라 할 수 있다.

▪ 유럽

유럽은 콘텐츠와 네트워크를 분리하여 각 계층에 대한 수평적 규제체제를 선택하였지만, 막상 시장개방과 관련하여서는 통신과 방송을 뚜렷이 구분하였다. WTO의 2003년 규정을 보면, 유럽연합이 양허하는 통신영역에는 방송이 포함되지 않음을 명확히 하려는 의도와 방송의 영역을 콘텐츠 제작에 한정하려는 의도가 나타나 있다.

영국의 경우, 기존의 방송 사업자들이 방송통신 융합적인 서비스 또는 통신서비스를 제공하는 방식으로 영역을 확대하고 있다. 프랑스의 경우를 살펴보면, 통신회사인 '프랑스텔레콤'(FT)이 자회사를 통해 케이블 TV 사업에 직접 진출함으로써 동일 기업이 통신과 방송서비스를 모두 제공하는 융합 방식을 주도해 나가고 있다. 2005년 현재 프랑스 텔

〈표 3-5〉 유럽 내 주요 미디어 기업들의 사업영역 (2002년)

미디어 기업	국적	미디어 매출규모 (백만 유로)	신문	정간물	도서	라디오	TV	영화	음악
비방디 유니버설	프랑스	19,558		○	○		○	○	○
벨텔스먼	독일	14,612	○	○	○	○	○	○	○
리드 엘세비어	영국/ 네덜란드	7,982		○	○				
피어슨	영국	6,874	○		○				
ARD	독일	6,100				○	○		
BBC	영국	5,383		○		○	○		
RTL	독일	4,342				○	○		
월터스 클루워	네덜란드	3,895		○	○				
EMI	영국	3,892							○
라가데레	프랑스	3,746		○	○	○	○		
BSkyB	영국	3,622					○		
데일리 메일	영국	3,095	○	○		○	○		
스프링어	독일	2,777	○	○	○	○	○		
RAI	이탈리아	2,700				○	○		
홀쯔브링크	독일	2,384	○	○	○				
TF1	프랑스	2,325					○	○	
미디어셋	이탈리아	2,316		○			○		
보니에	스웨덴	1,910	○	○	○	○	○	○	○
Emap	영국	1,637		○		○	○		
사노마	핀란드	1,631	○	○	○		○	○	

출처: http://odin.dep.no

레콤의 자회사인 이동통신사업자 '오렌지'(Orange)사와 유럽 제 2의 인터넷 공급업체인 '와나두'(Wanado)사는 무제한 전화 서비스와 TV, VOD를 비롯하여 브로드밴드(*Broad Band*) 인터넷 서비스를 같은 회선을 통해 사용자들에게 제공함으로써 영국의 통신사업자 BT에 대응하고 있다. 독일의 경우, 최대 통신기업 DT가 자신의 망 운영 방법을 방송에도 적용하는 방식의 융합 전략을 구사하며, T-시스템이라는 IP 기반 멀티미디어 방송서비스 솔루션을 이용하여 미디어 브로드캐스트라는 방송채널을 제공하고 있다.

▪ 일본

일본의 방송통신 융합은 전송로 부문에서 먼저 시작되었으며 대표적 예로 케이블 TV와 통신사업자의 전송망 공동사용, 위성방송(CS)에서의 통신망을 이용한 방송서비스가 있다. 1997년 7월부터 통신사업자의 FTTH (*Fiber To The Home*)을 이용한 케이블 TV가 등장하였고 이로 인해 우정성은 1998년 6월 심사기준을 개정하였다. 또 총무성은 2010년까지 광대역 인터넷 인프라를 전체 IP 네트워크로 전환하기로 하고 3천만 가입자에게 댁내 광가입자망(FTTH)을 보급하기로 하였는데, 이를 위해 'NTT'·'KDDI'·'야후BB' 등 사업자들과 함께 추진하여 IP 텔레포니·유료방송 등 광대역 인프라 기반의 새 산업을 일으킨다는 계획을 세웠다. 한편 일본의 'NTT Dokomo'는 영상 콘텐츠를 인터넷을 통해 송신하는 인터넷 방송 사업을 TV 동경 등 6개의 지역 방송사와 공동 추진하고 있다.

2002년 1월부터 시행된 전기통신 역무이용 방송법은 방송과 통신의 전송로 벽이 제거된 점과 허가제에서 등록제로 바뀐 점이 핵심이다. 방송통신 융합이 진행되는 상황에서 콘텐츠의 중요성이 부각되었으며 이에 따라 일본 정부는 2004년 6월 콘텐츠 진흥법을 제정하고 '지적재산전략본부'와 관련부처 등이 중심이 되어 콘텐츠 진흥 정책을 범정부적으로 주도하기 시작했다.[4]

〈표 3-6〉 일본의 방송통신 융합 현상

융합현상	개 요	사 례
서비스 융합	방송과 통신 모두의 격을 갖는 중간 영역적 서비스 이용의 확대	• 전자게시판(BBS) • 데이터방송 • 홈페이지에 의한 정보발신 • 인터넷 방송 등
전송로 융합	동일 전송로를 이용한 방송과 통신서비스의 제공	• CS를 이용한 방송 • 케이블 TV망을 이용한 케이블 TV전화 및 인터넷 접속 서비스 • 통신사업자의 FTTH를 이용한 케이블 TV • 통신네트워크를 이용한 IPTV 등
단말 융합	하나의 단말이 방송과 통신서비스 모두에 이용	• 인터넷뿐만 아니라 TV방송의 수신/녹화가 가능한 PC • TV에서 인터넷에 접속할 수 있는 DTB 등
사업체 융합	방송과 통신사업의 겸업	• 2004년 12월 현재 케이블 TV망을 이용한 인터넷 접속서비스 사업자 수 폭발적으로 증가

출처: "일본의 방송통신 융합 현황과 제도", 한국방송영상산업진흥원, 김영덕, 2005.

4 김영덕, 《일본의 방송 · 통신 융합 현황과 제도》, 한국방송영상산업진흥원, 2005.

② 지상파 방송사의 사업다각화

지역별, 국가별 양상은 다르지만, 각국의 지상파 방송사는 공통적으로 국영과 민방을 가리지 않고, 방송통신 융합의 변화 상황에 알맞게 사업다각화를 모색하고 있다. 이러한 모습은 디지털 기술의 발전 속도가 제도의 정비보다 앞서가는 상황에서의 생존을 위한 전략으로 볼 수 있다.

▪ **미국**

미국에서도 새로운 미디어의 등장, 프로그램 제작비의 상승, 지상파 방송의 시청률 부진 등과 같은 이유로 지상파 방송사들과 광고주들 간의 관계에 긴장감이 감돌기 시작하였다. 미국 지상파 방송에서 광고는 그동안 이들의 수익원 중 대부분을 차지했으나 케이블의 성장과 뉴미디어의 등장으로 지상파 방송이 지난 50여 년 동안 지켜온 시장이 크게 위협받고 있다. 지상파 방송은 이러한 위협에 대처해 다양한 새로운 수익원을 모색하고 있으며, DVD, 주문형 비디오의 유료 판매 등 기존의 콘텐츠를 활용한 창구의 다양화에 초점을 맞추고 있다.

미국의 NBC TV 부회장은 “미디어 융합시대의 지상파방송의 생존전략”이라는 발제문에서 미국에서도 지상파 방송들이 새로운 비즈니스 모델을 실험 중에 있다고 주장하면서 다음과 같은 전략을 소개했는데, 주요 내용으로 케이블 TV와 경쟁하기 위한 광대역 주파수 공유, 케이블 SO에 콘텐츠 제공에 따른 유료화 시도, 타깃별로 세분화된 멀티 캐스트 채널 기능 강화, 다양한 플랫폼에 제공이 가능하도록 하는 콘텐츠 재가공, 데이터 방송 제공, VOD 서비스 강화, PPL 및 양방향 광고 확대

〈표 3-7〉 NBC의 인터넷 업체 인수효과

① 2005년 2월~2006년 2월, ② 2004년~2005년

구분	myspace①	ivillage②
인수비용	5억 8천만 달러	6억 달러
인수시기	2005년 10월	2006년 3월
월방문자수	3,730만 명	1,340만 명
효과	접속률 328%증가	수입 36% 증가

출처: 〈뉴스위크〉 한국판 2006.3.22.

등이 있다. 미국의 대표적 지상파 네트워크의 하나인 NBC는 이처럼 인터넷을 통한 공격적인 사업다각화로 주목받고 있다.

▪ 유럽

영국의 BBC는 1994년 7월 영국 정부에서 발표한 BBC의 미래에 관한 정책 백서를 기점으로 상업적 활동을 강화하였다. 현재 BBC는 수신료 수입으로 공익적 서비스를 실시하는 한편 상업적인 부가 서비스를 개발, 보급하고 유료채널까지 운용하고 있다. BBC Worldwide의 경우, 전 세계 방송사들에 프로그램을 판매하는 것은 물론 자체 제작한 비디오/오디오물과 이들 프로그램을 지원하는 잡지, 서적, 그리고 교육 보조물 등을 개발하여 판매하고 있으며, 또 BBC World와 BBC Prime의 운영을 통해 수익사업의 영역도 확대하고 있다.

프랑스는 지상파의 영향력이 가장 강한 나라로서 2004년에는 지상파 방송이 전체 방송시장의 86.9%를 차지했고 방송광고 역시 지상파 방송의 매출액이 95.98%에 달했다. TV를 보유한 전체가구 중 약 4분의 1만

이 케이블, 위성 등에 가입한 것도 프랑스만의 독특한 특성이라고 볼 수 있다. 2001년 이후 이동통신사업은 크게 증가했지만, 케이블이나 위성방송, 영화 등의 시장은 줄어들었다.

▪ 일본

일본은 그동안 공영방송(NHK)과 민방의 이원적 공존이 이어졌으나 최근에는 지상파 방송, 케이블 TV, 위성방송(BS, CS)으로 다각화가 이루어졌다. 물론 아직은 여전히 지상파의 영향력이 막강하지만, 통신위성을 통한 전문채널의 증가, 케이블 TV 네트워크로 인터넷 접속이 가능해지는 등 변화가 나타나고 있다. 그리고 전송로 및 단말의 융합이 특징적이며 OSMU 전략을 이용한 콘텐츠 창출이 활발한데, 이는 지상파가 디지털로 전환할 2011년을 대비하는 모습이라 할 수 있다. 민방의 경우도 다양한 투자를 통해 사업다각화를 모색하고 있는데, 특히 영화나 DVD 사업에 대한 투자가 일반화된 추세이다.[5]

---

5 전영범, "디지털 컨버전스에 따른 미디어 시장의 변화와 지상파 TV의 산업 다각화 전략", 한양대 언론정보대학원, 2006.8, 36~40쪽.

〈표 3-8〉 일본 방송사들의 영화/DVD 사업 투자 현황

방송사	분야	제목	출시일자
후지 TV	영화	The Negotiator Masayoshi Mashita	2005.5.7 (42억 엔)
		The Ring 2	2005.6.18
		Densha Otoko- A True Love Story	2005.6.4 (27억 엔)
		Shining Boy & Little Randy	2005.7.16 (14억 엔)
		Golden Gouache Bell (Animation)	2005.8.6
		The Suspect SHINJI MUROI	2005.8.27
		Spring Snow	2005.10.29
		Hotel Avanti	2006.1.14
	DVD	Swing Girls	2005.3.25
		LORELEI	2005.8.19
		The Negotiator Masayoshi Mashita	
		Bayside Shake down BOX	2005.11.25
TBS	영화	NANA	2005.9.3
		kono-ai	2005.10.8
		One Stormy Night	2005.12.10
		Nada-sousou-Waves of Tears	2006.1.28
	DVD	The song flows like wind	2005.5.25
		Come on it's 8 PM! 2005	2005.6.24
		Be with You	2005.6.24
		AIR (Animation)	
		Tiger & Dragon	
NTV	영화	The Pupil Sura castle	2005.4.16
		Samurai Commando Mission 1549	2005.6.11
		The Specter War	2005.8.6
		SHINOBI	2005.9.17
		Still-Yokohama Cops Story	2005.10.22
		ALWAYS-Sunset of the 3rd block	2005.11.5
		Curtain Call	2005.10
	DVD	Tokyo Tower	2005.7.21
		It Ain't a Kid's Game!	
		The God of Entertainment	

출처: "지상파 방송사의 사업다각화 및 해외시장진출 전략", 전범수, 2005.

2) 기업들의 주도권 경쟁문제

(1) 방송통신 융합과정에서 나타나는 경쟁과 갈등

방송통신 융합으로 양자의 경계가 모호해지자 주도권 경쟁 과정에서 서로가 상대방 분야에 진입하는 양상이 나타나고 있다. 특히 법제정 및 제도 간의 정비가 이루어지는 속도보다 디지털 기술의 발달, 미디어의 확산 속도가 훨씬 빠르기 때문에 문제는 심각하다. 실제로 통신업자와 방송업자들은 새로운 방송통신 융합서비스를 선점하기 위해 경쟁적으로 진출을 서두르고 있다. 이 때문에 DMB, IPTV 등의 서비스와 공중파 프로그램에 대한 상호 견제와 경쟁은 불가피한 실정인데, SO의 초고속 정보통신망 사업에의 진입과 휴대전화를 통한 이동통사들의 영상서비스 증가 등도 같은 맥락에서 이해할 수 있다.

미국의 경우에도 최근 인터넷 발달로 방송과 통신의 경쟁이 심화되고 있다. 미국 디즈니사는 2006년 자사의 콘텐츠를 인터넷에서 무료로 제공할 것이라고 발표함으로써 통신기업과의 경쟁을 천명했다. 이러한 디즈니사의 전략은 콘텐츠의 유통채널 역할을 해온 통신회사 및 케이블 기업에 큰 위협이 되고 있다. 이에 앞서 '버라이존'은 지난 2년간 가정에 광네트워크를 직접 연결해 초고속 인터넷 전화 서비스, TV를 함께 제공하는 트리플 플레이 서비스 실현을 위해 수십억 달러 규모의 투자를 한 바 있다.

그러나 방송과 통신이 경쟁관계에서 협력관계로 변화될 가능성도 상존한다. 통신사업자는 망 건설에 따른 콘텐츠를 필요로 하고 있으며,

지상파 방송 사업자는 새로운 윈도를 필요로 하고 있기 때문이다. 그리고 IPTV를 통해서도 통신사업자와 지상파 방송 사업자의 묵시적인 협조관계, 혹은 전략적 공생관계를 형성할 수 있다. IPTV를 통해 지상파 지역방송의 권역별 재송신이 확보된다면 지상파 방송사도 IPTV 서비스에 적극적으로 참여할 의사를 가지고 있기 때문인데, 현재 지역방송은 수준 높은 콘텐츠를 개발해야 하는 어려운 과제를 안고 있기에 지역방송도 IPTV를 통해 네트워크와 그에 따른 윈도 확보를 위해 노력 중이다. 융합의 과정은 필연적인 현상으로 기업들도 이 사실을 알고 있기 때문에 최근에 나타나는 경쟁과 갈등은 과도기적인 것에 불과하다고 볼 수 있다.

(2) 갈등해결을 위한 정책마련의 필요성

신규 콘텐츠를 확보하기 위한 기업들의 주도권 경쟁이 치열해지는 상황에서 이제 중요한 것은 관련부처의 효율적인 기능규합이다. 또한 법과 제도의 정비를 통해 새로운 미디어 시장을 장려하는 노력이 동반되어야 한다. 특히 콘텐츠 분야에서는 방송통신 융합의 시대조류에 맞춰 콘텐츠 제공과정에 관한 관리, 감독이 반드시 필요하다.

방송위원회는 2004년 11월 제주도에서 출입기자 세미나를 열고 방송 통신 규제의 이원화로 뉴미디어 정책결정이 지연되고 방송 기본계획 수립이 난관에 봉착했음을 지적하였다. 구체적 내용을 살펴보면, 방송정책과 기술정책 분리, 방송허가 절차의 이원화, 뉴미디어 정책결정 지연, 방송기본계획 수립 차질 등의 문제점이 심각함을 보고하여 정책의 문제점을 비판하였으며, 이런 지적은 그 후 몇 년 동안 난항을 거듭하면서 좀처럼 해결될 기미를 보이지 않았다.

이처럼 미디어 산업 안에서 기업들의 주도권 경쟁이 가속화되는 상황에서 정부는 경제적 차원과 사회적 차원으로 나누어 미디어 산업을 규제하고 발전적 대안을 내놓을 필요성에 직면하게 된 것이다.

첫째, 경제적 차원에서는 주로 시장구조 차원의 규제와 대안을 내놓아야 할 상황이 되었다. 여기서 시장구조 차원의 규제와 대안으로는 사

〈표 3-9〉 정부의 규제 분류

	규제내용	규제목적
경제적 규제	• 진입규제 –기존 기업과 그 산업에 참여하기를 희망하는 잠재적 기업 사이의 경쟁 제약 • 독과점 및 불공정 거래 규제 • 가격규제 • 품질, 생산량, 공급대상, 조건, 방법 등에 대한 규제	• 소비자 보호 – 독과점 횡포 방지, 부당 이득 방지, 부당한 가격차별 방지, 교차보조를 통한 서비스 공급 확대 • 생산자 보호 – 부당 경쟁방지, 기업 간 불공정한 경쟁방지
사회적 규제	• 기업의 사회적 행동에 대한 규제 – 기업의 사회적 책임 강제 혹은 기업의 사회적 횡포를 막기 위한 규제 – 환경규제, 작업장 안전 및 보건규제, 소비자 보호규제, 사회적 차별에 대한 규제	• 삶의 질 확보 – 소득 및 생활수준의 향상, 산업사회의 진화와 밀접한 관련 • 인간의 기본적 권리신장 – 사회적으로 바람직하다고 여기는 가치실현 • 경제적 약자의 보호와 사회적 형평 확보 – 산업사회에서 생산자와 소비자, 생산자와 근로자 사이의 불균등한 세력관계를 교정 또는 보완함으로써 사회적 형평을 도모

출처: "방송 · 통신 융합시대의 미디어 규제", 한국언론재단, 김영주, 2004.

전규제인 진입규제와 소유규제, 사후규제인 행위규제(매출액 규제, 점유율 규제 등 시장행위 규제)를 들 수 있다. 둘째, 사회적 차원에서는 주로 내용에 대한 규제로 방송의 경우 편성규제나 그 내용과 관련하여 생각해볼 수 있다. 그러나 현재 디지털 기술의 발전과 미디어 환경의 변화로 문제가 보다 심각해지고 있는 분야는 주로 경제적 차원에서이다. 이처럼 다양한 측면에서 해결점을 내어 놓아야 하므로 그 효과가 제대로 나타나기 위해서는 문광부, 방송위, 정통부 등 각 부처에 분산된 방송통신 관련 기능들이 한 곳에 모여야 할 것이다.

3) 정부부처의 재구조화 문제

(1) 부처 간의 역할 중첩과 갈등

방송통신 융합시대에 콘텐츠와 관련된 정부부처의 업무가 중첩되며 이 과정에서 많은 혼란과 갈등이 나타나고 업무의 효율성이 떨어지고 있는 형편이다. 〈표 3-10〉은 2007년 초까지 나타난 부처 간의 갈등현황을 정리한 것이다.

이들 부처 중 특히 문화관광부와 정보통신부는 방송통신 융합이라는 환경 안에서 콘텐츠 관련 업무를 두고 화합할 수 없는 시각 차이를 보이고 있으며 업무중복이 나타나고 있다. 예를 들어 공식적으로 한국문화콘텐츠진흥원은 문화관광부 산하에서 문화관광부가 수립한 정책을 시행하는 역할을 하는 반면, 정보통신부는 한국 소프트웨어 진흥원을 산하에 두고 콘텐츠에 접근하고 있는데, 표면적으로는 기술적 측면을 강조하고 있으나 실제 업무에서는 정보문화라든가 콘텐츠 관련의 연구와 업무가 활발하게 이루어지는 상황이다.

특히 정통부에 소속되거나 밀접한 관련을 지니는 통신회사나 KT 등이 콘텐츠 쪽으로 사업다각화를 하고 있는 상황에서 표면적으로 볼 때는 IT관련 부처 또한 이에 발맞추어 콘텐츠의 업무를 맡아야 하는 것처럼 보일 수 있다. 물론 기업의 사업다각화는 시장논리에 의해야 한다. 그러나 정부부처의 재구조화는 업무효율성 쪽에 초점이 맞추어져야 한다.

〈표 3-10〉 방송통신 융합에 따른 부처별 입장 차이

부 처	현 황
정통부	기능의 축소 없이 방송분야로까지 영역을 넓히게 됨
방송위	직무의 독립성 확보를 위한 '특정직 공무원제 주장은 받아들여지지 않음 통합위원회의 원활한 업무수행을 위해서 역할이 축소될 수 있음
문화관광부	별도의 정부부처를 통해 콘텐츠 영역의 진흥정책을 담당토록 한다는 융합 추진위원회에 밑그림에 따라 콘텐츠 관련 주무부처로 문화관광부가 쌓아 온 노하우와 인프라가 소홀히 여겨질 가능성이 커짐
공정위	통합기구가 방송통신 분야의 공정거래 질서 확립이라는 사후적 거래과정의 규제기능도 소관하고 있을 경우 산업정책과 경쟁정책 간 이해상충의 문제가 생기고, 사후규제의 중립성 및 객관성 확보도 불가능한 형편임
행자 · 산자부	행자부는 '정보화촉진 기본계획'의 표현은 삭제해야 한다고 주장. 정보화촉진 관련 제반사항은 이해관계 부처가 복잡하게 얽혀있기 때문에 국무총리를 중심에 둔 관계행정기관 회의를 통해 확정해야 할 사안이라고 주장 산자부는 특히 IT진흥업무는 신자부 등 관계부처와 협의할 사안으로, 부처 간 기능 중복성이 강한 20여 개의 소관 사무는 기구설치법에 규정해선 안 된다고 주장

(2) 재구조화에 따른 콘텐츠 진흥업무의 향방

기업의 재구조화는 그에 합당한 인력과 자본이 있으면 가능하다. 석유화학 업종의 기업이 섬유산업으로 그 범위를 확장할 경우에는 섬유의 원료로 석유를 사용하고 화학기술의 도움을 받을 수 있기는 하다. 그러나 설탕이나 식품업에 종사하던 기업이 엔터테인먼트 산업으로 그 세를 확장하는 경우도 많으며 큰 무리는 없다. 그러나 정부조직이란 적은 예산과 인력, 노력으로 그 효과를 극대화하여야 하는 만큼 각 부처의 고유기능을 고려하여 중복을 없애고 효율성을 살펴야 한다.

재구조화 방법에서 무엇보다도 고려되어야 하는 부분은 방송과 통신의 융합은 통로의 획기적인 변화이며 콘텐츠는 새롭게 마련된 통로로 흘려보낼 내용이라는 점이다. 정통부는 방송과 통신의 인프라를 담당해 온 부처이다. 두 통로를 합치고 새로운 길을 만들 때는 정통부의 역할이 클 수 있으나 이미 만들어진 통로에 맞는 콘텐츠를 만들어내는 업무를 맡는다는 것은 무리이다. 마찬가지로 방송통신위원회 또한 방송과 통신의 인프라에 관련된 업무를 주로 했기 때문에 창작 원천의 콘텐츠들을 관장하기는 힘들 것이다.

콘텐츠 자체의 퀄리티와 성격이 중요한 이 시기에 콘텐츠의 기획, 제작, 특히 유통되는 콘텐츠의 핵심인 문화콘텐츠 기획 · 제작을 지금까지 꾸준히 해온 부처는 문화관광부이다. 그리고 콘텐츠의 기반이 되는 순수예술, 공연예술, 인문학의 모든 분야가 문화부에 망라되어 있다.

현재 IT와 디지털 기술이 엄청난 속도로 진화하고 있는 상황에서 정치, 경제, 문화가 이에 발맞추어 엄청난 속도로 바뀌고 있다. 종래 민족

개념에 입각한 국가 중심적 사유에서 세계화로 나아가고 있는 것도 정보통신의 발달에 가장 큰 영향을 받기 때문이다. 예를 들어 한류(韓流) 현상은 미디어의 발달과 밀접한 관계를 지닌다. 발달된 정보통신의 영향으로 세계인들이 세계 각국의 뉴스와 드라마를 보며 서로에 대한 이해와 호감을 높이는 과정에서 피부색이 같고 한자(漢字), 유교(儒敎), 젓가락 등 공통항을 지닌 한국, 중국, 일본이 서로의 문화에 대해 공감을 느끼는 과정에서 한국의 영상물 등에 대해 관심을 가지게 된 것이다. 한국은 여기에 발맞추어 중국인과 일본인이 매력을 느낄 수 있는 문화 콘텐츠를 개발하고 있다.

즉 미디어의 발달이 새로운 콘텐츠에 이처럼 영향을 미치고 있음을 분석해보건대 방송통신 융합이란 새로운 미디어 환경에서 콘텐츠 또한 큰 변화가 있을 것임을 짐작하기 어렵지 않다. 하루가 다르게 빠른 속도로 변화하는 미디어 환경에 창의성을 기반으로 만들어지는 콘텐츠의 생산속도가 따라가기 위해서는 두 영역이 밀접한 유기적 관련을 지녀야 함은 당연한 일이다.

제 **4** 장

21세기형 문화예술로서의 문화콘텐츠

1. 문화산업 대두의 시대적 배경

1) 정보통신의 발달과 근대 예술 개념의 쇠퇴

예술가 소설(*Artist-novel, Künstlerroman*)은 소설가 혹은 다른 예술가가 주인공으로 등장하는 소설이다. 에이브럼즈는 예술가 소설을 교양소설의 하위범주에 넣으면서 예술가로서의 운명에 대한 인식과 예술적 기법을 습득함으로써 보다 성숙한 단계로의 성장을 그리는 소설로 정의한다. 예술가 소설은 예술의 본질이라든가 예술의 시대적 역할을 설명하는 데 가장 좋은 공간이 되며 진리나 미를 추구한 예술가가 현실에 맞서서 갖게 되는 갈등을 표출하는 장이 되기도 한다.[1]

이처럼 예술가들이 자신의 타고난 천재성을 인정받지 못하고 고난을

1 한국문학평론가협회 편, 《문학비평용어사전(하)》, 국학자료원, 2006, 529쪽.

겪는다는 줄거리의 소설들은 근대에 이르러 부각되고 본격화한다. 한국에서도 근대 초기인 1920~30년대 김동인의 《광화사》, 《광염 소나타》 등에서 본격적으로 시작하여 문사로서의 작가를 그린 지식인 소설들로 면면히 이어져 내려오고 있다. 그렇다면 유독 근대에 예술가와 세계와의 불화를 그린 소설이 대거 등장하는 이유는 무엇일까?

첫째, 직업분화에 따른 예술가의 소외현상 때문이다. 선험적 원리로서 세계를 지배하고 통어했던 신화적 세계상과 통일적 가치관이 붕괴함에 따라 예술 또한 사회적 부분으로 분화된다. 시민사회의 등장으로 시민성에 의한 예술가의 신분적 결속을 낳고 예술을 학습 가능한 수공품으로 만든다. 이런 상황에서 예술가가 자기 개성이 바라는 바 고유한 생활에 대한 요구를 가질 때 그는 이상과 현실, 예술과 생활, 주관과 객관이 험악하게 대립된 채 분리된 문화적 저주를 경험하게 되는 것이다.[2]

둘째, 특히 이런 예술가의 환경과의 대립, 그를 극복하기 위한 예술 행위는 분업과 대량생산이란 근대의 산업화 과정과 밀접한 관계를 지닌다. 획일적인 상품의 제조, 물신적 사유에 대한 반발로서 예술가는 자신의 전문성, 예술가로서의 천재성을 강조한다. 또 기술복제에 대한 반발로 작품의 일회성이 지니는 아우라(*aura*)를 강조하게 되는 것이다.

그러나 이런 개념이 최근 들어서 크게 위협받고 있다. 기술복제 시대에 예술의 일회성이 사라지므로 아우라가 상실된다는 발터 벤야민(Walter Benjamin)의 주장은 디지털 매체에는 의미가 없다. 모든 정보가

2 서재길, "1920~30년대 한국 예술가소설연구", 서울대학교 대학원 석사논문, 1995, 10쪽.

전자의 꺼짐과 켜짐으로 저장되기 때문에 컴퓨터의 모니터를 백 번 켜도 늘 같은 작품이 떠오른다.[3] 초기 원본과 복사본의 구분이 있었던 시대에나 예술의 특성이 그것의 복사본과 대립되어 두드러지는 것이지 이 상황에서 일회성은 의미를 상실하는 것이다.

또 지금까지 상품으로 간주되던 것에 기호, 상징의 요소가 중시되면서 상품과 예술의 경계가 사라지게 된다. 우리는 일상의 공간에서 폭격에 가까운 기호의 세례에 둘러싸여 살아가고 있다. 물론 이 현상은 처음에는 소비자가 상품의 '가치'를 알지 못하고 광고 등에 의해 조작된 기호가치에 함몰된다는 비판으로 인용되었다.

그렇다면 이제 이 '조작된 기호가치'를 예술의 미감으로 바꿀 수는 없는 것일까? 최근 '벽 없는 미술관', '달리는 미술관' 같은 개념도 따지고 보면 일상의 삶 속에서 실천되는 예술이나 다름없다. 이제 예술가들은 관념 속에 상정한 대중의 개념을 좀더 유연하게 변모시켜 상품논리 속에서 표현하려는 시도를 보이는 듯싶다.

이제 문화논리가 후기 자본주의 단계에 함축된 경제논리와 평행한다는[4] 주장에는 그것이 부정되어야 할 현상이든, 선용해야 할 것이든 그 밑바닥에는 경제가 결정력을 가진다는 논리가 있다. 특히 최근 예술의 상품화는 소비가 생산에 통합해 들어가는 현상과 맞물려 있는데 프로슈머(*prosumer*)의 등장이 그 예이다. 음악 감상자가 프로그램을 이용하여 곡을 작곡하거나 독자가 제시된 경로 중 자신이 궁금한 스토리만 읽

---

3 최혜실 편, 《디지털 시대의 문화예술》, 문학과 지성사, 1999, 서문.

4 스탠리 아로노비츠, 이영철 엮음, 백한울 외 옮김, "문화산업과 '위대한 예술'의 죽음", 《21세기 문화 미리 보기》, 시각과 언어, 1999.

어 가는 방식 등은 작품감상이 생산자와 소비자의 협업 속에서 이루어지는 최근의 현상을 잘 말해주고 있다.

또 디지털 매체에는 작품을 감상하는 것보다 참여와 행위의 과정이 중시된다. 컴퓨터 게임을 할 때 게이머는 자신의 능력과 취향에 따라 다른 점수와 스토리를 만들어간다. 여기에 보존과 축적보다는 생산과 소비성향을 지니는 하이퍼텍스트의 매체적 특성에 맞게 게임은 한바탕의 놀이로 끝나버린다. 누구도 자신의 게임 스토리를 보관하여 두고두고 관조하려 하지 않는다.[5] 이로써 예술의 보존가치는 사라지고 소비되는 한바탕의 행위로 변한다.

이제 예술은 상품화를 피할 수 없다. 예술가가 의도하지 않더라도 그것은 교환가치를 띠게 되기 때문이다. 따라서 우리는 한탄하거나 스스로 상품임을 최소화함으로써, 즉 아주 소수에 의해 감상됨을 자처함으로써 주변부에 머무는 것으로 종래 예술개념을 고수해야 할 것인지, 아니면 기호의 생산이 중요한 상업적 요소가 된 이 시대에 모호해져버린 '작품'과 '상품'의 경계를 인정해야 할지 판단해야 할 때가 되었다.

"그것은 대세이다." 그리고 상품 속에서 범람하는 기호들은 이제 올바른 절차와 노력을 거쳐 우리에게 유익한 것으로 몰아져가야 한다. 무조건적인 비판은 현실을 살아가는 소비자로부터 비판자를 고립시킬 뿐이며, 상품은 올바른 검증 없이 더욱 부정적인 양태를 드러내게 된다. 상품화에 대한 비판이 지나치면, 많이 팔리는 것은 나쁜 것이라는 논리로 연결되어 좋은 예술은 대중에게 그리 영향을 끼치지 못하는 주변적

5 최혜실, "디지털 敍事(e-narrative)의 현황과 전망", 〈한국현대문학연구〉 8집, 2000.

인 것이라는 이율배반으로 귀착된다. 이제 예술가들은 배면에 깔린 귀족주의를 버리고 상품성과 예술성, 현실 순응과 비판 사이의 접점을 늘 깨어있는, 긴장된 의식으로 찾아야 할 것이다.

2) 비미학적 객체들의 미학화 현상[6]

자본주의는 시대에 따라 다른 특성을 보이며 변모했다. 19세기 자유자본주의(*liberal capitalism*)를 거쳐 20세기 조직자본주의(*organization capitalism*) 시기에 이르면 화폐, 생산수단, 소비재, 노동력 등은 국가적 차원으로 흘러 다니게 되었다. 이에 따라 포드와 같은, 전국적으로 수직, 수평 통합된 대기업이 출현하였다.[7]

그런데 이 단계는 실시간의 금융, 사업, 미디어를 조정하는 전 지구적 정보 네트워크의 확립 및 작동과 더불어[8] 탈조직화(*disorganization*)를 수반하는, 보다 분화되고 유연한 유형의 생산양식이 나타난다.[9] 생산라인이 기능적으로 분화하는데 이전 같으면 한 회사의 조직 속에서 체계적으로 이루어졌을 책의 생산라인이 촉탁 편집인, 재정, 마케팅, 생산, 계적, 판매, 디자인 등의 분야로 아웃소싱되고 있다.[10] 이 과정에는 생산물의 회전속도가 빨라진 점이 원인으로 작용하며, 정보통신의 발

---

6 최혜실, 《모든 견고한 것들은 하이퍼텍스트 속으로 사라진다》, 생각의나무, 2000.

7 스코트 래쉬, 존 어리, 박형준 · 권기돈 옮김, 《기호와 空間의 경제》, 현대미학사, 1998, 13~14쪽.

8 프랭크 웹스터, 홍성욱 · 백욱인 엮음, "정보, 자본주의, 불확실성", 《2001 싸이버 스페이스 오디쎄이》, 창작과 비평사, 2001.

9 이 단계가 자본주의의 심화인지 탈자본주의의 단계인지에 대해 다양한 논의들이 있다.

10 이케가미 준 외, 《문화경제학》, 황현탁 옮김, 나남출판, 1999. 58쪽.

달이 그것을 가속화시킨다.

자본주의 요소인 ① 지불능력이 상품과 서비스 공급을 결정하는 중요 기술이라는 점, ② 공급은 사적 공급에 더 기초한다는 점, ③ 손익이 사용가치의 가장 중요한 요소라는 점, ④ 경쟁중시, ⑤ 인간관계를 가격평가에 종속시키는 '활동의 상품화', ⑥ 재산의 공유화, ⑦ 임노동 중시 등이 '전 지구적 네트워크 사회'를 통해 한층 강화된다.

자본주의는 의식산업에 더 깊이 침투하고, 정보는 이윤을 낳는 상품이 되어버렸다. 이러한 급속한 변화는 맑스와 엥겔스가 〈공산당 선언〉에서 주장한, 자체 내에 생산의 끊임없는 변화, 모든 관계의 불확정성의 요소를 지니는 자본주의의 속성이다. 그리고 정보통신 기술은 견고한 제도들을 더 빨리 대기 속으로 녹여버리고 있다.

물질을 산출하는 생산방식보다 기호를 산출하는 생산방식이 훨씬 많아지면서 상품에 미학적 요소가 훨씬 강조되고 있다. 연구개발이나 설계가 중시되면서 상품은 '상표화'를 통해 기호가치의 속성을 띤다. 이 과정에서 판매자와 광고업자들이 결탁한다는 비난도 받지만 많은 경우 생산자와 소비자의 공모를 통해서도 상징적 이미지가 만들어진다. 이제 지금, 이곳을 이해하기 위해 이미지의 유통방식, 소비행위 및 재생산을 보는 것이 필수적이 되었다.[11] 상품은 현저하게 미적 성향을 띠게 되며 그 방식은 공간에서도 이루어진다. 예를 들어 관광객들은 잘 짜인 공간을 산책하며, 자신의 체험을 기호로 전환시킴으로써 그것을 소비한다.

11 스튜어트 유웬, 백지숙 옮김, 《이미지는 모든 것을 삼킨다》, 시각과 언어, 1997.

2. 상품, 예술, 기술의 결합

1) 상품과 예술

앞 장에서 서술했듯이 문화예술과 상품의 결합은 물질을 산출하는 생산 방식보다 기호를 생산하는 방식이 많아져, 상품의 미학적 요소가 강해지면서 나타난다. 이때 상품의 기호가치는 지금까지 많은 연구자들에 의해 조작된 가치로 비판받았다. 예를 들어 커피광고는 커피를 각성제로서의 사용가치를 선전하는 것이 아니라 아름답고 지적인 여배우가 커피를 마시면서 "나도 부드러운 여자예요"라고 말하게 함으로써 그 이미지를 광고한다는 것이다. 즉 상품의 '진짜' 가치인 사용가치가 아니라 가짜 가치를 만들어 소비자를 현혹시킨다는 것인데 이런 발상은 사실 문제가 있다.

예를 들어 사과를 그린 정물화가 있다고 하자. 그림에서 사과는 실재 사과가 아니다. 플라톤식으로 말한다면 그림 속의 사과는 모방의 모방이므로 예술가는 가치가 없는 사기꾼이 된다. 그러나 플라톤의 편협한 견해는 아리스토텔레스의 반론에 의해 바로잡아진다. 그림 속의 사과는 신의 이데아, 즉 보편성을 모방한 개별적인 사과를 모방한 것이 아니다. 예술가는 개별적인 사과를 통해 사과의 보편적 특성을 표현한다는 것이다.

이후로 예술가는 한 인간에게 보편성을 일러주는 신 다음의 존재로 격상된다. 그런데 상품의 어떤 이미지를 대중에게 전달하는 행위가 사기라고 한다면, 그 말은 상품을 디자인하거나 그 상품에 새로운 의미를 부여하는 광고 카피라이터가 사기꾼이라는 말과 다름없는 것이다. 생활에 쓰이는 상품에는 어떤 이미지나 메시지가 들어가면 소비자를 현혹시키는 가짜가 되고 생활과 관계없는 예술작품의 메시지는 진정성을 지닌 메시지라는 주장은 정말 문제 있는 발언이다.

흔히 상품이 감상자에게 불러일으키는 미적인 것은 심층적인 미적 체험을 불러일으키는 것이 아니라 생산물을 유혹적으로 만들어 판매를 촉진하려는 수단이라고 많은 미학자들은 비판한다. 그러나 상품미란 오직 자본주의의 고삐 풀린 경제적 기능이 자연적 재해가 지닌 힘을 가지고 어떻게 감각적인 세계를 휩쓸어 갔는가를 보여주고, 자기 마음대로 안 되는 모든 것을 쓸어버리고, 자기에게 호응하는 개별적 특징을 엄청나게 받아들여 강화하며 자본의 지배를 확고히 하기 위해 지배적 위치로까지 올리는가를 보여준다는[12] 이 비분강개한 비판들이 과연 사실일까?

18세기 이래 좋은 취미 내지 순화된 감정을 형성해냄으로써 현실의 모순을 지양하려 했던 예술미와 달리 상품미는 인간의 자기애적 욕구 혹은 욕망에 호소하여 소비를 체계적으로 재생산함으로써 인간을 총체적 타락의 길로 몰아간다는 이런 비판이 과연 사실일까? 이는 예술미를 지극히 좁은 개념으로 상정한데다 18세기 이후 근대 예술을 유토피아로 보는 감상주의까지 가세하여 상품미를 엄정하지만 공평한 시각으로 보려는 태도자체가 결여된 주장이다.

어찌 보면 근대 예술미학이야말로 미적 가상을 통한 지배(귀족이나 소

12 하우크 W., 미술비평연구회 엮음, 《상품미학과 문화이론》, 눈빛, 1992.

수 엘리트층)의 재생산일 수 있다. 미적인 것은 무엇인가에 대한 근본적 성찰이 필요한 것이다. 미(美)란 개인을 각성시키고 대상의 모순을 드러내게 하는 그 무엇일 수도 있지만 개인의 주관성에 감정이입하고 그를 편안하게 위로하는 것일 수도 있다.

인간에 대한 현혹의 문제도 사실 애매한 것이다. 흔히 소비자는 상품이 우리에게 주는 이미지의 폭격에 빠져있는 바보로 비유된다. "내 아이는 남과 달라요"를 부르짖는 미시족이 나오는 광고의 이유식을 아이에게 먹이면서 우월감을 느끼거나, 명품을 사용하면서 그 비싼 상품을 사는 상류계층이 되었다는 착각을 느끼거나, 스타가 드라마에 나올 때 들었던 핸드백과 똑같은 것을 사면서 그 스타가 된 듯한 착각을 느끼는 바보라는 것이다.

그러나 실제 세계에서 우리는 그런 방식으로 자기를 속일 정도로 단순하거나 우둔하지 않다. 인터넷 쇼핑몰에는 스타 파파라치들이 찍은 수많은 스타 사진이 올라있고 그들이 입고 신은 물건들이 모조품으로 만들어져 수천 원 혹은 수만 원에 팔리고 있다. 가끔은 기분전환으로 그런 물건들을 사서 입고 다니는 사람들은 많지만, 그들 모두가 스타들이 사용하는 그 명품을 살 돈이 없어 짝퉁이라도 걸치면서 위안하는 바보는 아니다.

그런 척 속아주는 것일 뿐이다. 우리는 TV 드라마를 볼 때 흔히 쉽게 감정이입하여 주인공의 입장에서 웃고 울며 그 주인공이 된 듯한 착각을 한다. 정말 바보라서 그러는 것이 아니라 짐짓 그런 셈 치는 것뿐이다. 한 시간 정도의 그 시간 동안은 현실세계의 골치 아픈 일들을 잊고 가상의 세계에 온 착각을 느끼기 위해 일부러 그러는 것이다. 그러면

드라마는 짐짓 속아주는 우리의 바보스러움에 재미라는 미학으로 보답한다. 팔짱을 끼고 "흥, 가난하고 못생겼고 뚱뚱하기조차 한 삼순이가 어찌 사장님을 …" 하며 비판해 보았자, 우리에게 돌아오는 것은 재미없음, 스트레스일 뿐이다. 이 즐거움의 미학, 감정이입의 미학이라는 시간이 지나면 다시 현대인은 현실로 돌아와 그 힘든 일상을 감내한다.

따지고 보면 명품도 억울하다. 디자인에 소요된 노력, 제품의 수준을 세계 어떤 생산품보다 좋게 하기 위한 노력에 든 비용이 전부 자본의 음험한 음모로 매도될 때 억울하기도 할 것이다. 예를 들어 영국 버버리사의 트렌치코트가 영화 〈애수〉나 〈카사블랑카〉 등의 영화에 등장하여 선풍적인 인기를 끈 이후 영국패션의 상징으로 자리 잡았다고 하자. 전쟁이란 시대적 배경에 애절한 사랑을 나누는 남녀가 입고 왔던 그 '바바리'를 소비하는 소비자들이 우둔함의 극치로 한꺼번에 매도될 수는 없을 것이다. 좋은 품질, 디자인이 지니는 미감과 영상의 스토리텔링이 사람을 감동시키는 방식, 이 기호가치가 무조건 예술이 아니라고 비판되어서는 안 될 것이다.

2) 문화예술과 기술

디지털 기술의 발전은 문화예술과 기술의 결합을 낳는다. 한국에서 CT (*culture technology*)란 개념[13]은 2001년 8월 17일 8차 국민경제자문회의에서 차세대 성장산업의 하나로 채택되었다. 당시 IT, BT, NT, ST, ET의 5T가 성장산업으로 잠정 결정되었으나 문화예술 분야가 간과되었

13 최혜실 편, 앞의 책, 163쪽.

는데, 이 개념이 등장하자 CT가 첨가되었고 6T가 최종 결정된 것이다. 이는 '산업'과 '기술' 개념에 문화예술을 근간으로 하는 산업이 존재할 수 있다는 새로운 발견의 출발점이었다.

원래 '문화산업', '문화공학' 등 문화와 산업, 기술이 결합된 개념은 지식인들에게 매우 부정적 의미로 받아들여졌다. 호르크하이머와 아도르노가 '문화산업'이란 개념을 그것을 오로지 부정하기 위해서 만들어냈다는 사실은 참으로 역설적이다. 그들은 《계몽의 변증법》이란 저서의 한 장인 "문화산업-대중기만으로서의 계몽"에서 문화산업이 '보편과 특수의 잘못된 동일성'이라고 신랄하게 비판한다. 대중문화의 조종자들이 절대적인 자본의 힘에 개인들을 철저히 종속시키는 전형적 예라는 것이다. 대중문화 관계자들은 문화산업을 기술적 용어로 설명한다. 그들은 문화산업에 수백만이 참여하기 때문에 수많은 장소에서 동일한 상품에 대한 동일한 욕구를 충족시키기 위해 재생산 과정이 필요하다고 역설하고, 수요가 산만하게 흩어져 있기 때문에 조직과 계획이 필요하다고 함으로써 조종을 더욱 촘촘하게 만들며, 궁극적으로 기술이 사회에 대해 통제력을 발휘하게 한다고 경고한다.[14]

그러나 사태는 그렇게 볼 수 없는 상황으로 전개되었다. 집단 수용소에서 대량학살과 전쟁을 통한 살육이 한창이던 제 2차 세계대전 중에 씌어 졌으며 1947년 암스테르담에서 출판된 《계몽의 변증법》은 당연히 기술에 대해 비판적일 수밖에 없었다. 기술진보가 절정에 달한 시대에 가공할 야만의 상태가 되어버린 현대사회의 원인을 진단하는 책에

14 M. 호르크하이머, Th. W. 아도르노, 김유동 외 옮김, 《계몽의 변증법》, 문예출판사, 1995, 170쪽.

서 기술은 인간을 억압하고 사회를 통제하는 존재가 된다.

그러나 1940~50년대의 상황이 2000년대와 같을 수는 없는 것이다. 앞장에서 제시했듯이 자본주의의 탈조직화 현상은 정보통신의 발달과 긴밀한 관계를 지니며 기술과 예술, 산업의 통합을 필연적으로 만들었다.

초기에는 문화를 위한 기술, 문화예술을 위한 기술 정도로 소박하게 시작했던 이 개념은 계산학적으로 모델링되는 이공학 학문과 창작의 블랙박스란 용어로 신비화되었던 예술 개념과 불협화음을 일으키며 난항을 거듭하게 된다.

예를 들어, 인터넷지식 공유기술, 지식자동생성기술, 감성기반지식생성기술, 스토리보드 템플릿제작기술, 내용인지 스토리보드 생성기술, 문장DB구축기술, 내용기반 서사자동생성기술, 감성기반 서사자동생성기술 등은 궁극적인 시나리오 창작자의 창의력을 높여주는 기술은 되지 못 한다. 서사자동생성기술은 인간 대신 기계가 서사를 창조하는 기술을 말하는 것인데 로봇이 인간보다 창의적 소설을 쓴다는 것은 아직 불가능하다. 예를 들어, 서사자동생성기술의 경우, 인간에 의해 프로그래밍된 서사기술이 스스로 자신의 벽을 허물고 학습하여 앞으로 나아가는 것인데 이는 아무리 과학기술을 높이 평가한다 해도 5년 안에 일어날 수 없는 일이다. 나머지 기술들은 시나리오 제작에 부수적 기술일 분이다.

이는 표현 부분에서도 마찬가지이다. 3D 모델링 기술, 행동분석 기술, 실감동작생성기술, 3차원 오디오 획득 및 재생기술, 모바일 입체음향 기술은 최첨단 디지털 기술의 일부일 뿐 디지털 애니메이션이나 게임의 감동을 더하기 위해 어떤 방식으로 개발되어야 하는지 전혀 기입

되어있지 않다.

그러나 생산현장에서는 융합의 실제적 모습들이 나타나고 있다는 점에서 이 융합기술은 그 가능성을 지닌다. 예를 들어, 애니매트로닉스는 애니메이션과 일렉트로닉스에 메이크업이 합성된 단어로, 기계적 뼈대나 전자회로를 이용해 만든 움직이는 기계장치에 특수재질을 활용해

〈그림 4-1〉 애니메트로닉스의 예

〈그림 4-2〉 애니메트로닉스를 유용하게 활용한 영화 각설탕

실물과 똑같은 느낌과 재질을 덧붙여 분장해 만든 후 무선으로 원격조정해 그것을 움직이게 만든 모형이다. 이를 통해 좀더 완성도 높은 영상을 연출해낼 수 있다. 종래에는 아이디어나 상상의 차원에서 가능했으나 기술적으로 불가능했던 것들이 속속 실현될 것으로 예상된다. 실물과 같은 크기와 질감을 바탕으로 영화 관련 테마파크 등에서 체험 콘텐츠로 활용될 수 있으리라 예상된다.

필름 혹은 디지털 카메라로 촬영한 영화는 디지털 파일 형태로 가공처리하여 네트워크나 위성, 혹은 오프라인 딜리버리 서비스를 통하여 배급된다. 이렇게 디지털 파일 상태로 고화질의 디지털 영상을 전송하는 방식은 배급 및 인쇄 제작비용을 획기적으로 절감하면서 전체 제작

〈그림 4-3〉 디지털시네마를 통해 개봉된 〈마법사들〉과 〈사이에서〉

과정에서 큰 비중을 차지하게 될 것이다. 하지만 2006년 6월 현재까지는 CGV가 〈마법사들〉과 〈사이에서〉 등의 디지털 영화를 전국 체인의 네트워크를 통해 전송한 사례 밖에 없는 실정이다.

또한 휴대폰 멀티미디어 플레이어(PMP)를 통해 영화를 볼 수 있는 시대가 개막했다. 이는 방송통신 융합기술 등 디지털 기술이 문화산업과 결합하여 일상의 모습을 바꾸어 가는 하나의 사례가 될 것이다. 특히 다중플랫폼 시대가 되면서 수익성 있는 문화콘텐츠가 다양한 형태로 제작될 것이다.

국내 애니메이션과 영화, 드라마 등 영상매체에 광범위하게 색채가 사용되고 있는데 이를 DB화할 필요가 있다. 그러한 DB 위에 감성필터 컬러 시스템 프로그램을 설치하면 감정을 입력할 경우 표현하기 좋은 색상을 알려주게 된다. 이 프로그램은 각종 산업디자인, 멀티미디어, 웹 콘텐츠 제작, 애니메이션 캐릭터 개발 등에 많은 발전과 변화를 가져올 것이다.

3. 일터, 삶터, 놀이터의 융합

1) 공간의 미학화와 상품의 미학화, 그 단초로서의 근대

아주 우연히도, 그러나 그 근원을 추적하면 너무나 당연하게도 '키치'(*Kitsch*)란 용어가 본격적으로 사용되기 시작한 것은 1860년 서구의 근대가 본격화된 시기로서 지식인(*intellectuals*)이란 개념과 속물(*snob*)이란 개념이 등장한 시기와 일치한다. 키치란 말 속에는 원래 '윤리적으로 부정함', '진품이 아님'이란 의미가 포함되어 있다. 키치란 조악한 물건이며 백화점은 키치가 머무는 정거장으로서 대량생산, 복제기술의 발전으로 가능해진 모방물, 가짜상품에서 연원했을 가능성이 크다. 한마디로 키치는 근대의 산물이다.[15]

플라스틱으로 만든 대리석을 흉내 낸 조각상이라든가 연필의 옆에 새겨진 예수 그리스도상, 관광센터에서 파는 알록달록한 성모마리아상 등 키치는 진짜를 흉내 낸 것이라는 의미가 들어있으며 이는 하위계층의 상층모방이라는 점에서 부르주아 흉내를 내는 시민계급의 허위의식과 맞닿아 있다. 또한 진정한 예술에 반해 대량생산되는 모조품, 상품화와도 연결된다. 그러나 진정성(眞正性, *authenticity*)이란 무엇인가? 감추어진 자기 본연의 모습을 찾는다는 이 개념은[16] 인간이 자기 충족적이고 경계가 뚜렷한 개인이며 경험과 의지의 중심이라는 근대 단일주

15 아브라함 몰르, 엄광현 옮김, 《키치란 무엇인가?》, 시각과 언어, 1995, 9쪽.

16 찰스 귀논, 강혜원 옮김, 《진정성에 대하여》, 동문선, 2004, 142쪽.

체의 개념에서 나온 것이다.

그러나 개인의 주체가 과연 단일한가에 대해서는 그동안 많은 논란이 있었다. 지식의 중심에 합리적이고 심사숙고하는 의식적 주체가 존재한다고 주장한 데카르트의 견해는 근대의 중심 이론임이 확실하나 철학계의 다른 한편에서는 자아정체성이 원래 모순적이고 부분적이며 전략적이어서 통일된 자아가 존재할 수 없다는 회의가 끊임없이 제기되었다. 이후 프로이트가 무의식을 발견함으로써 주체가 연속적이며 동일하기보다는 사회적으로 구성된 존재라는 주장이 우세해졌다. 주체는 단일하고 합리적이라기보다 타자의 시선이라는 거울 속에서 형성된다. 정체성은 개인으로서 우리 내부에 이미 존재하는 충만한 정체성으로부터 발생한 것이 아니라 우리의 외부로부터 채워져야 하는 완전성의 결핍에서 생겨난다. 이런 측면에서 순수예술의 조건으로 항상 나오는 '진정성'이란 그 존재부터 의심받을 수밖에 없는 불완전한 것으로 확인되는 것이다.

그런데 '우연하게도' 이런 회의가 본격화하는 탈구조주의적이고 포스트모던적인 이론이 본격화한 시기와 디지털 시대가 거의 일치한다는 사실을 우리는 주목할 필요가 있다. 사실 탈주체의 현상은 사이버 공간에서 본질적으로 드러난다. 네트워크상에서 주체는 물리적으로 확고한 위치에 존재하지 않는다. 주체는 데이터베이스에 의해 다중화되고, 컴퓨터 메시지 및 회의에 의해 분산되면서 새로운 형태를 띠게 된다.[17]

컴퓨터는 편집이 자유자재로 되며 이 상호작용의 과정에서 컴퓨터

17 마크 포스터, 김성기 옮김, 《뉴미디어의 철학》, 민음사, 1996, 38~39쪽.

화면이 주체를 비추는 거울처럼 반응하게 된다. 주체와 객체의 경계에 놓인 전자글쓰기 방식은 이 시대의 다중심적인, 유동적, 정황상의 주관적 존재를 대변한다. 그리하여 진정한 주체, 동일한 주체가 없는 상황에서 진정성은 상황에 따라 유동적으로 예술과 상품 사이를 흘러 다니기 시작한다.

이런 상황에서 키치의 위치는 자명해진다. 근대가 발견한 개념인 키치는 산업화, 도시화가 전면화하는 과정에서 문화예술의 전면적인 현상으로 그 세력을 확장할 운명을 지녔는지 모른다. 키치는 순수예술과 상품의 경계가 모호해지는 초기단계에 지식인이 속물을 바라보는 그런 경멸감으로부터 배태하여 차츰 근대 도시를 장악해 나간다. 근대 지식인, 특히 예술가의 키치 비판은 아직 키치 현상이 전면화하지 않은 상황에서 그것의 존재가치의 인정과 부인이라는 양면적 태도에서 말미암은 것이다.

키치는 근대 산업사회, 소비사회에서 상품의 미학화, 일상의 미학화가 가중되면서 초기에는 종래 순수예술의 진지함, 진정성과 대비되게 시민의 생활과 편안하게 타협하는 상품미학의 등장에 따라 가식, 위선, 허위의식이 복합적으로 드러나는 개념으로 자리매김된다.

아직 키치가 속물주의라는 혐의를 벗지 못했을 때, 키치를 즐기는 시민이 키치인간(*Homme Kitsch*)으로[18] 매도되었을 때, 키치가 19세기 자본주의 대도시의 소비문화 성장과 보조를 같이 한 것은 흥미로운 일이다. 당시 대도시는 예술적, 지적 대항문화와 보헤미아와 예술적 아방가

---

18 아브라함 몰르, 위의 책, 97쪽.

르드, 새로운 감각영역인 다양한 매체에 매료되고 사로잡히게 된 구성원들과, 이런 감정으로 더 많은 관중과 공중에게 퍼트리고 자극하고 공식화하는 매개자로서 역할을 하는 사람들의 장소가 되고 있었다.[19]

당시 조선 근대도시 경성은 1934년 조선 시가지 개혁령에 의해 정비되면서 현대 서울과 같은 가로망과 교통체계를 갖추게 된다. 일본인 주거지역으로 용산, 편의시설 · 관공서 · 생필품 판매 상가로 황금정(을지로), 명치정(명동), 장곡천정(소공동), 본정(충무로)이 있었다. 특히 본정은 경성의 은좌라는 호칭을 얻을 정도로 길 양쪽에 내지인의 일류 상점이 줄줄이 자리 잡고 있어서 밤에는 다섯 블록에 해당하는 거리에 불빛이 죽 늘어서는 등 야경이 장관을 이루고 있었다.[20]

당시 경성의 화려한 거리는 구경꾼으로 가득 찼으며 스펙터클화하며 피상화한다. 당시 백화점은 온갖 근대적 물품들의 박람회였다. 구보가 들른 화신백화점처럼 신기한 물건의 전람회였던 그곳에는 놀러 나온 시민들로 북적거렸다. 카페와 다방은 당시 경제 여건에 맞지 않을 만큼 상당한 양과 수준을 자랑하고 있었다. 예를 들면 본정의 명치 제과점과 금강산, 낙랑팔라, 그 건너편의 멕시코 다방이 유명했을 뿐 아니라 종로쪽에서도 인사동 계명구락부 아래층의 비너스란 바(*bar*)와 제비, 에리사, 트로이카 등의 많은 다방이 있었다.

그리하여 일찍이 속물성에 걸맞은 편안한 미학, 안일한 미학으로 비난받았던 키치성은 대도시의 스펙터클한 측면에 의해 일상 전체로 변모해가면서 의미를 확보해간다. 백화점의 윈도 진열, 시베리아 횡단을

19 마이크 페더스톤, 정숙경 옮김, 《포스트 모더니즘과 소비문화》, 현대미학사, 1999, 113쪽.

20 최혜실, 《1930년대 한국 모더니즘 소설 연구》, 민지사, 1992, 199~201쪽.

주제로 한 영상물의 파노라마와 다중투사기가 만들어내는 스펙터클이 존재하는 박람회장, 이런 카니발적인 공간의 일상에서, 그 시대정신에서 발아한 키치는 점차 설득력을 얻어간다. 1930년대의 소설, 《소설가 구보씨의 일일》에서 구보가 발견한 행복과 고독의 접점은 바로 키치성의 일상화가 처음으로 진행되는 도시 공간의 발견에 있었던 것이다.

상품의 키치성을 비난한 것도 지식인이었으나 그것의 의미를 발견하고 일견 옹호했던 것도 지식인이었다. 이 이중성은 당대 모더니스트들의 면모에서 드러난다. 당시 경성은 속물들, 졸부들의 취향을 적당히 맞춘 절충주의란 비판을 받았던 르네상스식 건물들이 즐비했다. 갑자기 돈을 번 졸부계층이 이미 구시대의 유물로만 존재하던 귀족층의 과거 모습을 허겁지겁 흉내 내는 그 야단스러움은 그리스와 로마의 건축양식에다 중세 고딕양식까지 잡탕으로 섞어 쓴 당대 건물의 즐비한 기둥과 말려 올라간 지붕양식에서 잘 드러난다.

그러나 아름다운 것은 사실이었다. 지금도 남아있는 경성역, 조선은행, 경성부청, 화신백화점이나 미쓰비시 백화점, 총독부(구 중앙청 건물) 등의 서구적 건물은 당시 경성에 화려한 구경거리를 제공해주며 공간 자체를 미학화하였다. 여기에 전차, 자동차, 군중들로 북적이던 그 화려한 공간을 반바지 차림에 헬멧 모자를 쓴 댄디보이 김기림과 실크햇에 연미복 차림에 스틱을 휘휘 젓는 갑바 머리의 박태원, 검정 두루마기에 시골 오입쟁이 차림의 김유정, 작소 머리에 검은 양복의 이상이 걷고 있었다. 시선을 끌 만한 옷차림으로 거리를 걷고 다방에서 재담을 주고받는 이들의 경박성은 근대 도시를 장식하면서 동시에 조롱하는 지식인의 이중성을 명료하게 드러내는 것이었다. 그리고 당대 최고의 모더니스트 소설가였던 박태원은 자신의 소설에서 도시의 미학화와 상품의 미학화의 단초를 잘 형상화해낸다.

근대의 지식인 구보는 산책을 하면서 다양한 유형의 속물과 마주친다. 그가 속물을, 그리고 그 키치인간들이 사용하는 근대의 상품을 바라보는 방식은 '고독 느끼기'와 '행복찾기'의 대립항으로 나타난다. 키치와 키치인간들의 면모는 너무도 강력하고 너무도 전면적이어서 행복을 찾고 있는 그들의 모습과 거리를 두는 자기 자신을 고립된 존재로 느끼고 고독해 한다. 그는 그 속물들을 행복의 근사치일지도 모를 생활을 하는 사람들로 보고 있다. 주인공은 일상인들에 대해 대체로 두 종류의 고민을 한다.

첫째, 가정의 개념이다. 그것은 가족과 그 가족을 이루기 위한 여인과의 사랑, 그리고 그것을 유지하기 위한 생활은 인생을 유지하는 가장 확고한 형식이다. 이 사실을 알기에 구보는 외식을 즐기러 종로 화신상회 백화점에 놀러 나온 가족들의 일상을 경멸할 수 없다. 지루한 일상을 타개하기 위한 휴일의 외식행위, 나들이에 그는 자신의 예전 혼담을 떠올리며 아쉬워하고 갈등한다.

둘째, 돈의 문제이다. 생활의 근간이 되는 돈에 대해서도 구보는 비판적이지만은 못하다. 금광에 손을 대어 벼락부자가 된 후 어린 여자와 인천에 놀러가는 중학 동창을 속물로 경멸할 수는 있을 것이다. 그러나 가난한 생활 중에도 조그만 사치를 즐기고 싶어하는 소녀-전당포의 십팔금 팔뚝시계와 인조견 치마에 행복을 느끼는 생활인의 자그마한 환상을 그 도시 한복판에서 총체적으로 부인하는 것은 어려운 일이다.[21]

판단하기 힘든 일상인과 지식인의 삶의 양태를 피하는 방식은 생활에의 회피로서의 '놀이'였다. '경성'이란 근대 공간에서 구보는 철저히 의도적으로 일을 거부하고 '논다'. 그는 아침부터 새벽 2시까지 철저하게 일을 거부함으로써 생활인의 삶에서 벗어난다. 그리하여 근대의 일터인 경성공간은 그의 행동반경에서는 놀이공간이 된다.

호이징하에 의하면 놀이의 특징은 첫째, 자유로운 것이다. 자유로운 시간에 이루어지며 어떤 목적이 아니라 그것 자체를 추구한다. 둘째, 놀이는 일상적 삶에서 단절된 시간과 공간을 창출한다. 셋째, 놀이는 일상생활과 관계없는 자발적으로 받아들여진 규칙에 따른다. 그 규칙은 일단 받아들여진 이상 절대적 구속력을 지니게 된다. 이 규칙에 따라 개인은 알면서도 속으려는 태도, '믿으려는 시늉'을 하게 된다.[22]

경성공간에서의 구보의 행위는 위에서 살펴본 놀이의 세 가지 특성을 모두 갖추고 있는데 작품에 나오는, 동전을 갖고 노는 놀이가 그 전형적인 예이다.

> 구보는 단장을 왼팔에 걸고 바지 주머니에 손을 넣었다. 그러나 그가 그 속에서 다섯잎의 동전을 골라내었을 때, 차는 종묘 앞에 서고 그리고 차창은 제자리로 돌아갔다. 구보는 눈을 떨어뜨려 손바닥 위의 다섯잎 동전을 본다. 그것들은 공교롭게도 모두가 뒤집혀 있었다. 대정 십일 년, 십일 년, 팔년, 십이 년, 구보는 그 숫자에서 어떤 하나의 의미를 찾아내려 들었다.[23]

---

21 위의 책, 230~231쪽.

22 호이징하, 권영빈 옮김, 《호모 루덴스》, 홍성사, 1981, 16~43쪽.

23 박태원, 《소설가 구보씨의 일일》, 문장사, 1938, 233쪽.

동전의 뒤집힘은 우연한 일이며 대부분의 경우 생활에서 별로 중요한 사건이 아니다. 이는 로저 카이와의 놀이분류에 따르면 '운'(運)에 해당한다. 그런데 구보는 자신의 손바닥 안이라는 공간 속에 존재하는 다섯 개 동전의 발행연도에 하나의 규칙을 설정하려 하고 있다. 그것은 살아가는 데 필요한 진지한 행위와는 동떨어진 실없는 유희이며 진지함과는 대립되면서 그것 자체의 구속을 발휘한다는 점에서는 진지하다.[24]

2) 일상의 미학화 혹은 일터, 쉼터, 삶터의 통합과 상품의 예술화

최근 문화와 산업계에 화두로 '감성'이 등장한 가장 큰 원인으로 정보통신 발달을 들 수 있다. 인터넷 공동체가 감성의 공동체이며 기술발달의 속도가 빨라질수록 불확실한 미래를 감각적인 꿈으로 파악하려는 경향이 있다는 점, 문자가 이성적이라면 영상은 감성적·직관적 감각을 요구한다는 점이 그것이다.

그리고 영상성이 증대될수록 현대인들은 영상세계의 감각적 속성, 놀이적 속성을 공간에 적용하려는 경향을 지닌다. 현대 산업에 오락요소가 증대되는 까닭이 여기에 있다. 그런데 '놀이'는 우리가 참여하여 만드는 이야기이다. 이제 이야기는 우리가 사는 문화공간 전체로 확산되고 있다.

이 현실공간의 놀이공간화는 21세기 문화공간을 이루는 필수적 요소가 된다. 최근 산업계에 엔터테인먼트가 중요한 견인차로 자리 잡고 있

24 최혜실, 위의 책, 230쪽.

다. 거대한 쇼핑몰과 은행, 놀이공원이 한 도시를 이루어 구매행위가 오락행위로 되는 양상이 그것이다.[25] 또 최근 소비자들은 상품을 사기보다는 자신의 꿈과 감성을 만족시키는 것을 구매하려 한다. 사람들을 매혹시키는 것은 상품의 사용가치나 교환가치가 아니라 그 상품에 스민 이야기다.[26]

이제 사람들은 놀이공간으로 화해버린 메가플렉스를 거닐며 그 공간 속의 캐릭터로, 플롯으로 각자의 위치를 점하고 있는 이야기들을 구매하고 있다. 이처럼 현실 전체가 놀이공간으로 변모하게 된 까닭은 영상의 폭격으로 몰입성이 증대되었기 때문이다. 소설에 몰입했던 근대인들은 일상세계에서는 정신을 차리고 일을 할 수 있었으나, 영상의 폭격에 세뇌된 가상인간들은 놀이세계를 현실에 적용하려는 경향을 지닌다. 사람들은 일상에서 만나고 체험하고 사용하는 물건들, 공간, 사람들을 가상에서 겪은 이야기로 꾸미고 싶은 것이다.

구보가 거닐었던 근대 공간은 호이징하의 논리처럼 현실과 격리된 공간으로서의 놀이공간이었다. 호이징하는 놀이와 현실을 분리하고 있는데 현실과 놀이, 이성과 감성, 어른과 어린이를 분리한 후 후자가 전자를 살찌우는 자양분이라고 보고 있다. 그런데 최근의 현상을 보면 후자가 전자의 영역을 넘나들고 오히려 우위를 점하는 것을 볼 수 있다. 감성이 이성을 능가하고 어린이가 소비주역으로 떠오르고, 생필품 산업보다 놀이산업이 고도의 부가가치를 지닌다.

그 가장 큰 원인의 하나가 앞에서 논했듯이 가상성의 증가이다. 사람

---

25 마이클 J. 울프, 이기문 옮김, 《오락의 경제》, 리치북스, 2000, 20~21쪽.

26 롤프 옌센, 서정환 옮김, 《드림 소사이어티》, 한국능률협회, 2000, 66쪽.

들은 몰입 정도가 심하지 않은 소설을 읽는 경우에는 그 내용에 감동을 받더라도 곧 제정신을 차리고 일상으로 돌아와 일에 열중할 수 있었다. 역사상 소설중독증에 걸린 유일한 오타쿠 돈키호테는 당시 정신병자 취급을 받았다. 워낙 희귀한 존재였기에 비정상인 취급을 받았던 것이다.

그러나 요즈음 가상중독에 걸린 오타쿠들은 풍차를 소설 속의 거인으로 착각해 정신병자로 몰린 돈키호테와 달리 아예 풍차를 거인 모양으로 만들어버린다. 우리는 현실공간에서 테마파크를 만들어 애니메이션, 영화, 게임의 놀이공간을 구축한다. 그리고 그런 식의 놀이성은 우리 삶과 우리가 쓰는 모든 생필품에 은밀하게 스며들고 있다.

3) 예술의 또 다른 측면인 놀이성

그렇다면 놀이성은 예술성과 어떤 관계에 있는 것일까? 예술의 기능을 흔히 각성기능과 위안기능으로 나눈다. 전자는 순수예술 이론에서 가장 많이 볼 수 있는 견해이다. 사람들은 편안한 마음가짐 때문에 삶의 어려움이나 본질에 대해 느끼지 못한다는 것이다. 형식의 새로움이나 새로운 가치관으로 감상자를 '고문'하여 편안한 삶의 뒤에 감추어진 삶의 진실을 드러내게 해야만 진지한 예술이라는 것, 예술은 삶의 어려움과 긴장 속에서 도피하는 장소가 아니라 오히려 그것을 파헤쳐 그 본질을 살피고 본질의 당위성으로 나아가게 하는 마음자세를 갖게 하는 것이라는 것이다.

그러나 이 논리는 인간에게 쾌적한 느낌을 주지 않는 모든 것은 진정한 예술이 아니라는 극단론에 빠질 위험이 있다. 누구라도 쉽게 접근하여 즐거운 시간을 보내게 하는 놀이로서의 예술의 기능도 분명 지금까지 존재했으며 모든 예술에는 두 가지 측면이 동시에 존재했다. 독자들은 위대한 명작의 주인공이 하는 행동과 사랑에 교훈을 느끼지만 한편으로 재미를 느끼며 몰입해본 적이 없는 사람 또한 없다. 따라서 이런 종류의 미학에 대해서도 인정하고 그 미학적 특성을 규정해야 할 필요가 있는 것이다.

흔히 통속예술, 저급한 예술의 특성으로 감정이입, 자기향수를 든다. 이는 우리가 심미적 거리라고 부르는 순수예술의 접근방식과는 다른 것이다. 그러나 실제로 우리가 현실과 허구(예술)의 세계를 착각하는 경우는 거의 없다. 즉 몰입하는 순간에도 이미 몰입하는 자신을 바라보는 또 다른 자아가 존재하고 있다. 그런데 이 짐짓 몰입하는 태도에서 감상자는 무엇을 얻어내는 것일까?

놀이태도는 '속아주는 건강한 생명력의 승리'이다.[27] 사람들이 기꺼이 등장인물의 입장이 되어 분노하고 슬퍼하는 것은 그 인물의 비현실성, 줄거리의 유치함을 몰라서 그러는 것이 아니다. 놀이태도는 놀이적 분위기를 통해 삶을 현실로부터 비현실 속의 삶으로 변형시킴으로써 우리로 하여금 현실세계가 우리를 난처하게 한 것을 화해시킨다. 현실은 우리의 욕망을 억압하고 우리는 거기에서 헤어날 수 없지만 그렇다고 욕망과 꿈이 사라지는 것은 아니다. 그리고 바로 그 완충지대를 이 속아주는 태도가 현실화시키고 있는 것이다.[28]

27 호이징하, 앞의 책, 16~43쪽. 박성봉, 《대중예술의 미학》, 동연, 1995, 304쪽.

28 최혜실, 《디지털 시대의 문화읽기》, 소명출판, 2001, 282~286쪽.

4) 일터, 쉼터, 삶터의 통합으로서의 탈근대의 도시공간

이제 영상성의 증대로 인해 놀이성은 전체 생활공간으로 확대되고 있다. 특히 최근 소프트웨어의 발달과 가격의 절감으로 침투식 컴퓨팅 기술과 편재식 컴퓨팅 기술이 합쳐지면서 언제 어디서나 디지털 매체의 영향을 받는 유비쿼터스 기술의 대두 및 대중화가 이루어졌다.

근대의 합리적인 공간구획은 유명하다. 근대의 합리주의, 계몽주의 사상은 은연중에 조직 속의 기능 중심으로 공간을 구획했고, 그 기능은 중심과 주변부의 것으로 차별화되면서 도시의 중심과 주변부를 형성한다. 이는 식민지 특수상황에서 문명과 합리성의 질서가 지배의 질서와 동일시되는 조선 시가지 계획령에서 보다 분명하게 드러난다.[29]

당시 경성부는 새롭게 편입하는 신편입 구역을 동부, 한강 이남, 서부 등 세 지역으로 나누고 이를 다시 여덟 개의 소지역으로 세분했다. 먼저 동부지역은 청량리, 왕십리, 한강리 지역으로 나누고 주거지역과 공업지역으로 구분하였다. 특히 한강리의 용산은 고급 주거지역으로 계획되었다. 다음 한강 이남은 영등포와 노량진 두 방면으로 공업지역 및 주거지역으로 분할되었다. 마포-용강 방면은 고업지역, 연희-신촌은 주거지역, 그리고 은평지역은 풍치지구로 개발제한구역으로 지정되었다. 이처럼 구도심의 중심부는 그대로 유지한 채 편입지역을 용도에 따라 철저하게 구획하는 방식은 근대 도시의 도시구획의 전형적인 예이었다.[30]

---

29 최혜실, "'소설가 구보씨의 일일'에 나타나는 '산책자'(*flaneur*) 연구", 〈관악어문연구 13집〉, 1988. 12. 31. 197~198쪽.

그러나 새로운 정보통신 기술의 발달은 이런 공간구획에 획기적인 전환을 예고하고 있다. 지하철은 목적지까지 가는 교통수단이다. 그러나 MP3로 음악을 들으면 음악감상실이 되고 DMB로 스포츠 중계를 보면 거실이 된다. 휴대전화는 전화에서 시작했지만 그것으로 친구와 수다를 떨면 현실은 놀이공간으로 변하며, 게임을 하면 게임방으로 바뀌게 된다. 또 주식투자를 하거나 은행계좌로 송금을 하는 등 업무처리를 하면 일터로 바뀐다. GPS를 활용하면 내릴 지하철역의 교통상황을 알 수 있다. 이제 공간은 단순한 물리적 공간에서 전자공간과 중첩되면서 증강현실(*augment reality*)로 바뀐다.

지금 이 지하철 공간에 육체적인 내가 앉아있지만 실제 내가 통화하고 있는 사람은 미국에 있다. 저 멀리 떨어져 있던 공간이 삽시간에 내게 다가와 연결된다. 대도시 공간의 특성은 무엇이던가! 하루 종일 가야 아는 사람 하나 만날 수 없었던, 그 고독한 익명(匿名)의 공간이 새로운 기술에 의해 내가 보고 싶은 사람과의 소통으로 인해 친밀한 공간으로 변모한다. 합리성과 이성, 목적성이 횡행하던 도시공간은 모바일 화면 안의 예쁜 캐릭터와의 게임에 의해 놀이공간, 환상의 공간으로 변한다.

이 공간에서 예술공연 및 감상방식과 상품판매 및 구매방식이 일치한다. 시장의 공연장화, 공연장의 시장화, 공연장과 시장의 개념이 해체 통합되면서 제 3의 마케팅 방식이 등장하고 있다. 이제 축제의 공간과 시장의 공간, 생활의 공간은 일치한다.[31]

---

30 염복규, 《서울은 어떻게 계획되었는가》, 살림, 2005, 30~41쪽.

31 원광연 · 최혜실, "문화산업의 새로운 패러다임 구축을 위한 제언", 2003. 7. 31, 문화관광부 용역 제안서, 46쪽.

구체적으로 이 시대 문화환경에 적용하는 예를 들자면, 도심 하천변 문화권 형성의 일환으로 CC(*Culture Creek*)를 만들 수 있다. 이것은 IT의 "실리콘 밸리"에 대응되는 개념으로서, 도심 하천주변을 중심으로 CT를 발전시킨다는 전략이다. 서울의 청계천, 대구의 신천, 대전의 유등천과 대전천, 광주의 광주천, 전주의 전주천 등 대도시의 하천주변은 이미 나름대로의 독특하고 강한 문화가 존재하고 있다.

이 개념은 문화의 생산/소비공간, 축제의 공간, 생활공간이 일치되어야 한다는 개념에 입각, 천변에 문화광장과 상가, 기업의 생산단지를 연계하는 것이다. 또한 이 단지는 지역문화산업 그리드와 연계하여 지정하는 것이 효율적이다. 즉 "문화산업단지"보다는 "문화산업진흥지구" 차원에서 접근하는 것이 좋다고 본다.

2003년에 제안했던 청계천 소비, 문화향유, 생산의 일치로서의 통합공간은 최근 청계천의 사례를 보면 제대로 실행되었음이 드러난다. 그러나 최근 각 지방자치단체에서 지역하천을 청계천 방식으로 개발하여 너무 무분별하게 모방하는 것이 아닌가 하는 우려를 낳고 있다.

또 박물관은 현실과 허구세계의 경계를 흐리는 디지털 시대의 대중심리를 정확히 반영하는 공간이다.32 즉 최근 건립되는 박물관은 허구로서 놀이의 세계를 정확하게 반영하는 공간으로 변하고 있다. 물론 역사는 과거의 사실이다. 그러나 현실에 재현된 공간이 과거와 같을 수는 없는 일이다. 예를 들어 고려시대 민중들의 의상을 재현하는 것은 불가능하며 따라서 복원된 의상들을 박물관에 진열할 때에는 상상력이 동

32 최혜실, 《문화콘텐츠, 스토리텔링을 만나다》, 삼성경제연구소, 2006, 83쪽

〈그림 4-4〉 청계천 Culture Creek

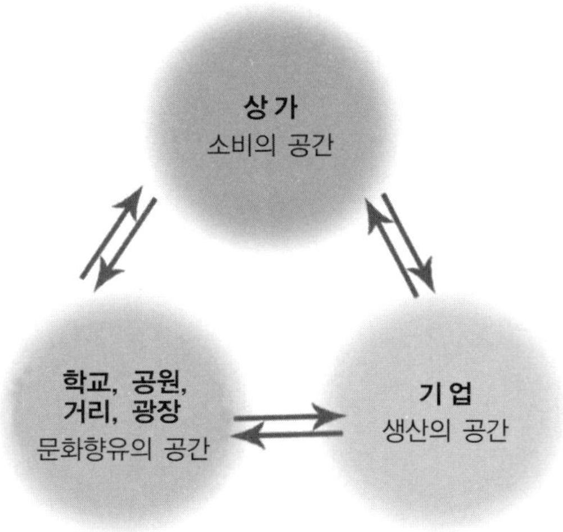

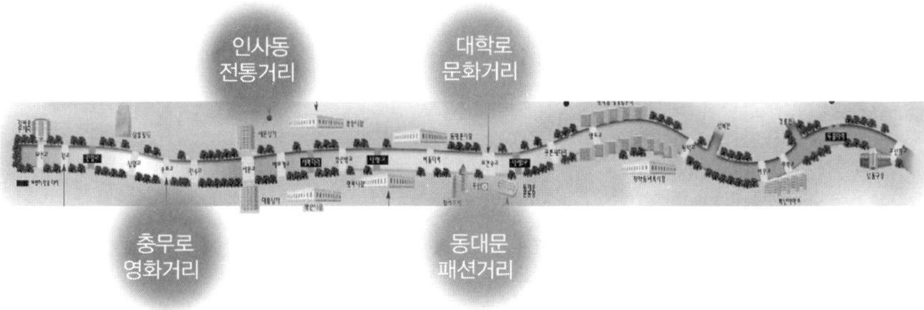

원된다. 보드리야르에 의하면 박물관은 시뮬라크르(*simulacre*)의 전형적 예이다. 박물관과 민속촌의 모형을 보고 관람객들은 옛날 사람들이 살았던 곳이라고 생각하지만 실제로는 민속촌이라는 시뮬라크르가 관람객들에게 그곳을 상기시킨다.[33]

국립 중앙박물관은 바로 이 시뮬라크르의 세계를 완벽하게 승인하고 설계되었다. 그곳은 과거 사실을 복원하는 곳이 아니다. 과거의 공간이 복원되는 것은 현실적으로 불가능하다. 큐레이터들은 테마를 정해서 이 가상의 공간에 이야기를 꾸민다. '조선 시대 초상화 초본', '조선시대 책은 어디서 출판했을까', '현무'(玄武), '새, 기와 속을 날다' 등의 테마를 시대순이나 주제별로 공간에 나열하여 관람객들이 과거의 책, 와당, 인물들의 모습 등을 감상하여 나름의 이야기를 엮을 수 있도록 하는 것이다. 박물관에 극장이 있어 뮤지컬이나 콘서트, 재즈 페스티벌을 여는 것은 시사적이다. 그곳은 학습공간이라기보다 놀이공간, 이야기 공간이다.

한편 인사동 쌈지길은 공간의 문화콘텐츠화를 집약적으로 보여준 곳이다. 쌈지길은 서울 인사동의 명물이다. 원래 인사동의 대표상가인 공예점, 표구사 등이 개발 바람으로 밀려날 위기에 처하자 패션업체인 쌈지가 길이면서 마당이면서 건물인 독특한 공간을 마련한 것이다. 완만한 경사로를 따라 걷노라면 골동상, 공예점, 공방, 표구방, 떡집까지 어우러지면서 전통의 한국미를 만끽할 수 있는 공간이다. 3층까지 나선형으로 이어진 길은 늘 사람으로 붐벼 어느새 사라져버린 인사동의 골

33 장 보드리야르, 하태환 옮김, 《시뮬라시옹》, 민음사, 1992, 9~10쪽.

목문화를 되살린 것이기도 하다. 길을 따라 예쁜 꽃도 피어있고 가게마다 간판의 글씨도 제각각 멋스럽다. 표지판 하나, 메모판 하나 신경 쓰지 않은 곳이 없어 길 자체가 갤러리가 된 느낌이다. 전통적이면서도 현대적인 멋을 살린 색다른 생활용품도 살 수 있고 쉬면서 맛깔스런 간식도 사먹을 수 있다.

입구의 문화광장에서는 인디가수들의 거리공연이 있으며 보행자 위주의 인도에서는 갖가지 작은 공연들이 펼쳐지고 어떤 이들은 직접 만든 아기자기한 소품들을 팔기도 한다. 문화예술품이 창작, 소비되며 공연문화가 어우러짐으로 일터와 삶터, 놀이터가 융합되는 곳이다. 이 거리는 한국이라는 정체성을 테마로 공간 자체가 하나의 문화콘텐츠로서 경쟁력을 갖출 수 있다는 것을 보여주는 좋은 사례이다.

4. 디지털콘텐츠의 문화콘텐츠화

한국문화콘텐츠진흥원의 홈페이지에 적시된 바에 의하면, 콘텐츠란 "말이나 문장 또는 여러 종류의 예술작품과 같이 여러 매체를 통해서 표현되는 내용", "문자, 영상, 소리 등의 정보를 제작하고 가공해서 소비자에게 전달하는 정보상품", 즉 각종 미디어에 담을 내용물을 의미한다. 콘텐츠에 영화, 음악, 애니메이션, 게임, 캐릭터 등 흔히 떠오르는 종류 외에 각종 정보자료나 도서 저작물 등이 모두 포함된다는 점을 명심해야 한다. 한마디로 사람들의 감각기관에 포착되어 소통되는 자원들이라면 모두 광의의 콘텐츠 개념에 들어갈 수 있다. 인간이 지적, 정서적으로 향유하는 모든 종류의 무형자산이라고도 정의할 수 있다.

디지털콘텐츠는 기술적 관점에서 콘텐츠를 정의할 때 사용되는 용어이다. 유통시스템에 의해 정의내리자면 방송, 온라인 혹은 네트워크화된 콘텐츠를 의미한다. 온라인, 혹은 네트워크화된 콘텐츠로서 일반적인 콘텐츠와의 구별을 IT 기술과의 결합에서 찾고 있다. 문화콘텐츠는 범박하게 말해서 문화(교양, 오락)와 콘텐츠의 결합을 의미한다.

컴퓨터 매개환경에서 환경은 수용자에게 상호작용성을 개인화하여 상황에 능동적으로 몰입하도록 유도한다. 놀이성은 수용자의 몰입을 더욱 강화하며 이 과정에서 정보전달을 목적으로 하는 디지털콘텐츠들도 재미와 오락요소를 강조하는 문화콘텐츠 성향을 지니게 되는 것이다.

최근 대부분의 신문사는 인터넷 신문을 따로 운영하고 있으며 아예 온라인만을 목표로 탄생한 신문도 많다. 그런데 처음에는 종이신문 형태를 그대로 따르던 인터넷 신문들이 최근 들어 차츰차츰 자신의 고유성을 확보하는 것을 볼 수 있다. 첫째, 댓글과의 상호작용에서 글의 총체적 의미가 파악된다는 점은 종래 종이신문과 매우 다른 측면이다. 특히 인터넷 전용신문의 경우 문제가 커질 경우 아예 기사를 내리는 등 누리꾼들의 반응에 민감하게 반응하고 있는 것을 볼 수 있다.

둘째, 언어구사가 인터넷의 상호작용적 환경에 맞게 직설적이고 간결하면서도 놀이성을 띠고 있다. 이는 짧은 시간에 촌철살인의 언어로 수많은 누리꾼들의 관심을 끌어야 하는 조건에서 필연적으로 탄생한 특성이라 할 수 있다.

이처럼 재미를 강조하는 점이 점차 강도를 더해 가면서 온라인상의 정보전달 방식은 권위와 전문성을 목표로 하는 인쇄매체나 아날로그 영상매체의 콘텐츠와는 다른 양상으로 온라인 특유의 감성적이며 재미 위주의 콘텐츠, 즉 문화콘텐츠의 요소를 띠게 되는 것이다.

제 5 장

방송통신 융합 환경에서 문화콘텐츠의 문화예술화

1. 가치사슬의 변화와 21세기형 문화예술로서의 문화콘텐츠의 변모

1) 가치사슬의 변화

문화콘텐츠 산업의 전통적 가치사슬은 제작, 1차유통, 2차유통으로 구성되었다. 그러나 최근 극장형, 패키지형 등의 유통채널이 통신형의 유통채널로 변하면서 제작과 유통이 모두 복잡한 구조로 변하고 있다. 유통창구의 증가로 유통회사와의 경쟁은 치열해지고 제작부분의 가치가 더욱 높아지고 있다.

즉 가치사슬상의 유통이 다양화되면서 소비자는 선택의 폭이 넓어졌으며 시청시기를 유연하게 조정할 수 있게 되었다. 콘텐츠의 소유자가 광고 및 가입자를 통해 수익을 확대하고 소비자를 확보할 수 있는 유통채널이 늘었기 때문이다.

이 양상은 19세기 순수예술에서 예술가와 수용자의 소통구조가 단선화하면서 예술가의 권위와 힘이 커진 것과 비슷한 효과를 얻는다. 이제 수용자는 인터넷 등을 통하여 원하는 콘텐츠와 직접 만날 수 있게 되었다. 그 과정에서 유통상의 여러 복잡한 경로가 생략되는 것과 비슷한 효과가 나타난다.

2) 웹 2.0과 참여 및 개방의 UCC의 탄생

웹 2.0은 웹1.0에 대비되어 탄생한 용어로 닷컴 버블의 붕괴시점인 1999년 이후 살아남았거나, 여전히 성장하고 있는 웹 기업들의 공통점을 포괄하는 웹의 새로운 경향을 이르는 말이다. 웹 2.0은 O'Reily Media MediaLive International 간의 컨퍼런스를 진행하던 중 닷컴 붕괴와 새로운 시대의 등장을 표현할 방법을 찾는 브레인스토밍 과정에서 탄생했다.[1]

웹2.0의 가장 큰 특징은 플랫폼으로서의 웹이다. 웹1.0에서 웹은 단순히 사용자가 정보를 보기 위한 창이었으나 웹 2.0에서는 그 자체가 하나의 플랫폼으로서 사용자가 웹 안에서 하나의 소프트웨어를 사용하듯이 완결된 서비스를 제공받을 수 있도록 구성되어 있다. 또 사용자가 직접 자신의 데이터를 관리할 수 있기 때문에 사용자의 자발적 참여를 끌어낼 수 있게 된다.

---

1 전종홍 · 이승윤, "웹2.0 기술현황 및 전망", 〈전자통신동향분석〉 21권 5호, ETRI, 2006.

또 많은 정보와 지식들이 외부로 열려있는 특성상 사용자는 누구나 이런 정보에 접근할 수 있고 여기에 사용자가 원하는 방식으로 이 정보들을 변형해 새로운 콘텐츠를 만듦으로써 콘텐츠의 자유로운 생성과 교환이 극대화된다. UCC(*User Created Contents*)는 바로 이런 참여와 개방의 웹 환경에서 사용자가 블로그 등 네트워크 공간을 창조적으로 공유하는 중요한 방식으로 떠오르게 된다.

UCC는 원래 유저가 직접 만든다는 점에서 댓글이나 문자 등도 포함되나 최근에는 주로 동영상물을 지칭한다. 최근 한국 최초로 뉴욕에서 공연을 가진 B-boy 익스프레션팀이 인형극을 춤으로 표현한 동영상 UCC는 1천만 이상이 시청한 것으로 추정된다.[2] 또 대학생 임정현 씨가 인터넷 사이트 '뮬'에 올린 캐논 변주곡 기타 버전 연주 동영상을 한 누리꾼이 유튜브 사이트에 올린 후 전 세계인들로부터 폭발적 인기를 얻었다. 얼마 후 그는 〈뉴욕 타임스〉에서 '인터넷에 소개된 천재 기타리스트 한국인 임씨'로 소개되었고 〈인터내셔널 해럴드 트리뷴〉을 거쳐 중국 ABC 방송에까지 소개되었다.

이런 막강한 파급력 등으로 최근 소비자가 동영상을 직접 만들어 인터넷에 올리는 이 방식에 포털들은 주목하고 있다. 동영상 서비스 업체인 판도라 TV는 무제한 용량과 무한대 시간 제공을 바탕으로 UCC 확보에 힘을 기울이고 있다. 2006년 11월 현재 판도라 TV가 확보한 DB는 약 22만 개, 회원 수는 100만 명을 돌파하였다. 판도라TV는 사용자가 크기와 상관없이 원하는 동영상을 마음대로 업로드할 수 있다는 점과 동영

2 권기덕 · 김재윤, 《웹2.0이 주도하는 사회와 기업의 변화》, 삼성경제연구소, 2007. 1. 24, 8쪽.

〈표 5-1〉 대표적인 UCC 사이트

	특 징
유튜브 (YouTube)	• 100메가 이내의 다양한 포맷의 동영상 업로드 가능 • 인기도, 사용자 랭킹 등 정리가 잘 되어 있음 • 1억 건에 달하는 콘텐츠 • 하루 평균 6만 5천 건의 동영상이 올라 옴 • 〈타임〉 선정 "올해 최고의 발명품"(2006)
데일리모션 (DailyMotion)	• 프랑스를 기반으로 유럽을 대상으로 하는 UCC 서비스 • 하루 평균 9천 건의 동영상이 올라 옴 • 2006년 11월 15일 〈비즈니스 위크〉가 유럽의 누리꾼들을 사로잡은 사이트로 소개
판도라 TV (Pandora tv)	• 주간 페이지뷰 7,800만 명, 일평균 160만 명 방문 • 2006년 미국 알토스벤처로부터 대규모 투자를 받음 • 2006년 12월 19일 서울 충무로 명보극장에서 "2006 동영상 UCC 페스티벌"을 준비 중

상 전문 포털 사이트라는 특화된 서비스로 사용자가 UCC 콘텐츠를 자체 생산한 후 유통하는 순환구조를 확보한 것이 강점이다. '세 자매 댄스', '동네수첩' 등 인터넷 화제 동영상을 낳으며 UCC 열풍을 이끌어내는 주역을 맡고 있다. 서비스를 한 지 2년도 되지 않은 시점에서 하루 평균 방문자가 65만 명에 달하며 다양한 관련 기업을 태동시키고 있다.

(주)다음커뮤니케이션은 이미 보편화된 커뮤니케이션 서비스인 '한메일넷'과 온라인 커뮤니티 서비스로 유명한 'Daum카페' 이외에도 이용자와의 접점을 기반으로 한 형태의 온라인 미디어 서비스인 '미디어 Daum', 'Cuve'를 개발하는 등 공격적 운영을 하고 있었는데 최근에는 UCC의 중요성을 인지하고 메인화면에서부터 UCC를 표시하는 등 전략을 펼치고 있다.

개인의 동영상 제작은 최근 더욱 쉬워지고 있다. 중요한 예로 아프리카는 특별한 기술이나 장비, 비용 없이도 누구나 쉽게 라이브 방송을 할 수 있는 개인 미디어이다. 영상캡처 프로그램인 '라이브 캠'을 통해 PC모니터 화면을 캡처해 방송에 활용할 수 있다. 또한 시청자는 아프리카 플레이어만 설치하면 자신의 PC에서 리모컨 누르듯 채널을 쉽게 골라보면서 전 세계 사람들과 대화하면서 방송에 참여할 수 있다.

아프리카 서비스의 가장 큰 특징은 자신이 방송자키가 되어 직접 방송하면서 시청자와 실시간으로 대화하는 등 양방향 커뮤니케이션이 가능하다는 점이다. 때문에 놀이, 시간 때우기용뿐 아니라 기자 지망생의 뉴스, 시사 논평방송, 아나운서 지망생의 방송진행 연습방송, 연기자 지망생의 연습실로 사용되고 있다.

이런 인터넷 UCC 콘텐츠는 무선통신과 연결되면서 이제 언제 어디서나 감상자에게 전달될 수 있다는 환상적인 환경을 제공하게 되었다. 예를 들어 무선 인터넷 기업 지오텔은 2006 10월 말에 KTF와 UCC 뮤직 플랫폼(계약명 DMM) 공급계약을 체결하고 본격 서비스를 시작하였다. DMM (*Digital Music Marketplace*)은 KTF 뮤직포털인 '도시락'에서 개인 또는 인디 뮤지션들이 자신들이 만든 음원을 등록해 휴대폰을 통해 소비자들에게 음원을 판매하게 해주는 일종의 오픈마켓 플랫폼이다. 이를 통해 소비자들은 언제 어디서나 다른 일반인이 자체 제작한 음원을 들을 수 있게 되었다. 물론 이런 경우가 아니라도 이제 우리들은 핸드폰을 통해 인터넷에 접속해 언제 어디서나 동영상을 감상할 수 있게 되었다.[3]

---

3 오세근, "웹 2.0 시대의 차세대 B/M, UCC", IITA 기술정책정보단, 2006.11.15, 4~8쪽.

3) UCC(*User-Created Contents*) 시대의 도래와 대중문화의 변모

(1) 순수예술과 대중문화, 그리고 방송통신 융합시대의 예술

① 대중문화에 대한 초기 견해들

초기 대중문화 연구자들은 순수예술과 비교하여 대중문화를 부정적으로 평가했다.mass culture, mass art, mass mediated culture 등 다양한 명칭으로 불리는 대중문화는 원래 독일어 Mass와 Kulture의 합성어로서 교육받지 못한 계층의 문화라는 경멸의 의미를 내포한다. 여기서 대중은 판단력과 이성을 갖춘 공중(*public*)이 아니라 비이성적 군중(*crowd*), 폭주(*mob*)이다. 고립 분산되어 있고 주체성을 지니지 못하여 이리저리 끌려 다니고 비합리적 집단이라는 개념이 내포되어 있다.

그러나 최근에는 'mass-'의 용어를 거의 쓰지 않고, 보다 중립적이고 긍정적 개념인 'popular culture'라는 용어를 쓴다. 여기서 대중문화란 다수의 사람들이 향유하는 문화란 의미가 강하다. 'mass culture' 가 주로 문화의 생산과정에 초점을 맞추고 있다면 ' popular culture'는 문화의 소비, 수용과정에 초점을 맞추고 있다 하겠다. 전자는 대량복제가 가능한 매스 미디어가 등장한 근대자본주의 이후의 문화산물로 한정되는 반면 후자는 자본주의 이전의 민중문화까지 포함하는 개념이 된다.

갠스(Herbert Gans)에 의하면 서구 봉건주의 체제에서는 고급문화와 향민문화 사이의 구별이 뚜렷했다. 고급문화는 귀족 후원자의 재정적 보호를 받으며 성장했고 그 사회의 공식문화였으며 대표문화였다. 반면 향민문화, 혹은 민속문화는 서민들의 희로애락과 감정을 표현하는 거칠고 다듬어지지 않은 문화, 비공식 문화로 일컬어졌다. 그러나 서구 봉건제도가 무너지고 산업화가 이루어지며 기술과 교통의 변화에 따라 도시화가 진척됨에 따라 민속문화는 몰락의 길을 걷게 된다. 귀족의 몰락과 서민의 중산층화는 새로운 문화를 낳았다. 예술가와 지식인은 종래의 후원자가 아닌 시장경제 체제에 종속되었다. 향민문화도 소멸되어갔다. 예를 들어 모내기 노래는 노동과 노래의 결합으로 농업생산 하에서 의미를 지니는 것이었다. 농촌 공동체의 쇠퇴로 노동과 놀이는 분리되면서 새로운 대중의 취향에 맞는 문화가 나타났다.

이런 변화 속에서 고급문화, 대중문화, 민속문화, 민중문화 등의 다양한 단어가 나타나면서 오해의 소지를 불러일으키는 방향으로 쓰이기 시작했다. 첫째, 고급문화와 대중문화의 구분이 그것이다. 우선 고급이란 말 자체에 선입견이 깔려 있다. 고급문화는 흔히 창작자가 개성적인 표현을 하며 새로운 예술형태와 묘사의 새로운 방법을 발견하며 추구한다는 것이다. 또한 인생경험의 새로운 깊이를 발견하고 탐구하여 새로운 문화를 창조한다. 반면 대중예술은 실험이나 탐색에 관심을 갖지 않고 이미 받아들여진 것, 친숙한 것에 관심을 가진다고 구분한다.

그러나 이 구분에는 문제가 있다. 예를 들어 셰익스피어의 작품은 당대 민중들에게 큰 인기를 끌었던 대중연극이었으면서도 귀족들에게도 호응을 받았다. 지금 고전으로 교과과정에서 학습하는 시조(時調)는 당시 유행가라는 의미로 쓰인 시절가조(時節歌調)에서 나온 말이다. 창의력이 가미된 예술작품, 교양을 지닌 계층이 창작하고 즐기는 예술이 반드시 일치하지도 않는다. 교양인들은 베토벤의 교향곡도 듣지만 조용필의 노래에 눈물 흘리고 위안을 받는다. 또 모든 계층에 인기 있는 예술작품이 저급한 것도 아니다. 더구나 고급/대중의 범주는 구분의 잣대가 다르다. 이미 교육 수준이 높아진 대중이 즐기는 예술, 혹은 대중매체를 통해 수용되는 예술과 고급예술이 반드시 상반되지 않는 것이다.

이는 민중문화란 개념을 내세워 대중문화를 저급한 무엇으로 취급하는 견해에도 마찬가지로 적용된다. 이는 '민중'이란 개념이 지니는 이상적 특성 때문에 나타난 것이기도 하다. '민중'은 흔히 권력 엘리트로부터 소외된 일반 백성, 서민으로서 승려나 기사계급에 눌려 문화적 기회와 감수성이 억압된 계층이라는 것이다. 이들은 하향적 수용성에도 불구하고 인간다운 삶의 조건들을 억압하는 세력에 저항의 힘을 배양함으로써 승리를 쟁취했다. 그러나 이것도 잠깐, 서구 자본주의는 자유와 평등의 이념 아래 불평등과 질곡의 비인간적 상황을 야기시켰는데 이에 새로운 자기각성을 꾀하는 계층으로서 민중이 등장했다는 것이다.

그러나 실제로 오늘날의 민중은 대중이다. 이들이 일부 지식인이 원했던 혁명성을 지니지 않았고 도시화에 의해 개개의 인자로서 고립화한 군중일지라도 현재 여기, 실재 존재하는 대중이기 때문에 현실성이 있다.

초기 대중문화에 대한 평가는 상당히 부정적이었는데, 그 대표적 이론으로 쉴즈(E. Shils)의 위계적인 문화취향론을 들 수 있다. 그는 사람들이 문화를 자신의 취향에 따라 선택할 수 있게 되었는데 이렇게 성립된 현대사회의 문화는 세련된 문화(*refined*), 범속한 문화(*mediocre*), 저속한 문화(*brutal*)의 세 가지 범주로 나뉜다는 것이다.

그러나 일종의 가치에 중심을 둔 이런 구분은 곧 비판을 받게 되는데 갠스(Herbert Gans)는 현대사회에서 문화는 가치가 아니라 개인의 취향에 따라 나뉜다고 주장한다. 과거처럼 계층에 의해 향유할 수 있는 문화가 제한되지 않았기 때문에 소비자 집단의 여가와 문화행태에 따라 다양한 문화로 나뉠 수 있다는 것이다.

첫째, 상급 문화(*high culture*), 소수의 공중에게 수용되는 문화로 창작자 지향적이다. 매스미디어를 피하며 소수에 의해 향유되는 것을 오히려 자랑스럽게 생각한다.

둘째, 중상급 문화(*upper-middle culture*), 전문직 종사자, 기업 경영자들, 간부와 그 부인들이 즐기는 문화이다. 이들은 교육은 많이 받았고 문화와 교양에 대한 욕구는 크나 문화창조 비평가가 될 수준에 이르지는 않았다. 그들은 창작자 지향의 문화에 만족을 느끼지 못하고 문화공중이 갖는 보편적 관심과 시대적 관심을 드러내는 내용을 즐긴다.

셋째, 중하급 문화(*lower-middle culture*), 사무원, 공인회계사, 초등학교 교사 등 '저급의 정신노동'에 종사하는 계층으로 미국의 지배적 취향문화라 볼 수 있다. 이들은 문화에 대한 욕구는 크지 않으나 수요가 많기 때문에 미디어와 문화산업의 가장 중요한 표적이 된다. TV드라마, 문고판으로 나온 대중문학, 뮤지컬과 블록버스터 영화, 쇼 프로그램 등이 이들이 즐기는 문화이다.

넷째, 하급문화(*low culture*)로서 숙련공, 준 숙련공, 서비스 노동자, 준 숙련 사무원 등이 즐기는 문화이다. 문화에 대해 다소의 적대감이 있으며 정부나 제도적 권위에 대해 불신감을 가지고 있다. 그리 큰 고민이 필요하지 않은 권선징악의 서부극에 관심이 많다. 영웅의 투쟁을 다룬 이야기나 연예인의 사생활을 다룬 신문, 잡지, 화려한 쇼프로를 즐긴다.

다섯째, 유사민속하급문화(*quasi-folk low culture*)로서 초등학교 정도의 학력밖에 없으며 농촌에 살거나 변두리에 사는 유색인종들의 문화이다. 하급문화와 거의 같은 문화를 수용하되 좀더 단순한 내용의 문화를 선호한다.

갠스는 고급문화의 미적 기준만이 옳고 좋은 것이 아니며 다양한 계층의 문화적 취향을 인정해주어야 한다고 주장했으나 결과적으로는 고급문화를 옹호하고 있음을 알 수 있다. 또 계층에 따라 문화를 구분함으로써 한 계층이 다양한 문화를 수용하는 현실을 무시했다. 예를 들어 전문 음악인도 교향곡을 즐기면서도 조용필의 〈고추잠자리〉를 들으며 동심의 세계에 빠진다.[4]

② 대중매체: 예술가와 수용자 사이의 노이즈에 대한 혐의

그럼에도 불구하고 대중문화를 폄하하거나 부정적으로 보는 이면에는 대중매체의 현혹, 조작 가능성에 대한 의구심이 강하게 깔려 있다. 대중문화가 통속적이라는 보편적 인식은 대중매체가 지니는 특성 때문이다.

우선 기술복제로 인한 반복재생산으로 똑같은 예술작품이 엄청난 양으로 복제되어 나왔고, 따라서 수용자가 불특정 다수로 획일화됨으로써 예술에 개별자 특유의 향유집단이 사라지게 되었다는 것이다. 역사적으로 살펴볼 때 이런 주장은 대체로 그렇게 사실에 어긋나지 않는다.

4 도널드 도슨, 강현두 편, 《대중문화의 이론》, 민음사, 1986. 강현두 편, 《현대 사회와 대중문화》, 나남출판, 1998. 아놀드 하우저, 최성만 · 최병진 옮김, 《예술과 사회학》, 한길사, 1988. 노먼 제이콥스, 강현두 옮김, 《대중시대의 문화와 예술》, 홍상사, 1980.

예술은 근대 이전에는 주로 고용주와 피고용인의 인간관계에 의해 거래되었다. 즉 예술가에게는 정부, 사회, 교회 등의 후원자가 있어서 예술품은 그들에게 바쳐졌다. 따라서 예술가는 비록 권력자의 지배 이데올로기와 인습에 영향을 받으나 그 압박이 관리 조작된 것이 아니었다. 그러나 현대에 이르러 예술가와 향유자는 생산자와 구매자라는 비개인적 성격을 띠게 되었다. 예술생산품은 산업경제의 대량생산에 발맞추어 제작, 매매되었고 일단 유행이 지나면 무가치한 것으로 전락하였다. 그 결과 예술품은 이용하기 쉽고 빠른 상품을 가능한 한 짧은 시간에 대량으로 제작하는 데 주안점이 주어졌다. 생산자는 성공한 작품의 전범을 그대로 고수하였고, 생산이 감소될 위험이 보이면 그 도식을 바로 포기하였다.[5]

구매자가 대중으로 확대되면서 예술가는 이 광범위한 향유층을 만족시키기 위하여 평균형 문화를 만들게 되었는데, 원래 평균치란 통계적 의미에 불과한 것이며 실존하지 않는 허상인 것이다. 평균형 문화란 거의 모든 사람의 취향을 어느 정도 반영하고 있으나 어떤 사람의 취향도 충분히 반영하고 있지 못한 문화를 말한다. 결국 그것은 어떤 개인도 만족시키지 못하는 탈 개성적 작품이 되고 만다. 벤야민 식으로 한다면 그것은 생산자의 아우라(氣)가 사라진 가짜 예술이다.[6] 예술가는 자신의 생산품이 구매자에게 팔리도록 하기 위해 보이지 않는, 추측하기 힘든 방대하고 모호한 대중의 눈치를 보지 않을 수 없다. 따라서 작가가

---

5 발터 벤야민, 이태동 옮김, “기술복제 시대의 예술”, 《문예비평과 이론》, 문예출판사, 1987. 아놀드 하우저, 위의 글, 258~262쪽.

6 강현두, 《대중문화론》, 나남출판, 1987, 76~78쪽.

창조하는 인물은 평균치의 개성을 가질 수밖에 없고 그 표현은 자연히 상투적이 될 수밖에 없다.

대량생산 체제에서 작가가 획기적인 표현을 하려는 노력이 저하되는 또 하나의 이유는 욕망조작의 가능성 때문이다. 현대에는 광고 판매조직과 제도 등을 이용하여 수요를 인위적으로 조작할 수 있다. 예를 들어 사업주는 유행을 창조하거나 호평받는 기간을 연장시켜 자기 상품의 판매고를 올리려고 한다. 그러므로 실패의 위험부담을 안고 있는 새로운 형식을 창조하느니보다 감상층에 동일한 유형을 팔아넘길 수 있는 기준이 될 생산도식을 만들어내는 것이 훨씬 경제적이다.

이런 대량생산의 문학적 특성을 가장 잘 나타내고 있는 것으로 우리는 신문소설을 꼽을 수 있다. 지금까지 한국의 신문은 신문지면이 부족함에도 불구하고 보통 한 신문 당 2~3편의 소설을 게재했다. 소설이 새로운 소식을 전달하는 신문의 기능과는 그다지 맞지 않은 듯한데 이렇게 많은 지면을 할애하는 까닭은 무엇인가? 그것은 첫째, 근대 초에는 대중에 대한 교양의 기능을 중시하였기 때문이었다. 특히 개화기에 신문지면이 남녀평등, 자유결혼관, 신학문, 구국사상 등의 애국계몽사상을 펴는 창구역할을 했는데, 소설은 이런 딱딱한 사상을 대중화하는 일환으로 이용되고는 했다.[7] 초기에는 주로 친일적 연재소설이 등장하였으나 곧 〈매일신보〉에 《무정》이 등장함으로써 신문소설은 명실공히 애국계몽 역할을 담당하게 되었다.[8] 그러나 역시 신문소설이 우대되는 가장 큰 이유는 신문 판매부수를 올리는 데 있다 하겠다. 독자층이 신

---

7 김우종, "신문소설과 상업주의", 강현두 편, 《한국의 대중문화》, 나남출판, 1987, 344쪽.

8 오인문, 《신문연재소설의 변천》, 앞의 책, 323쪽.

〈그림 5-1〉 대중문화의 소통관계 도표

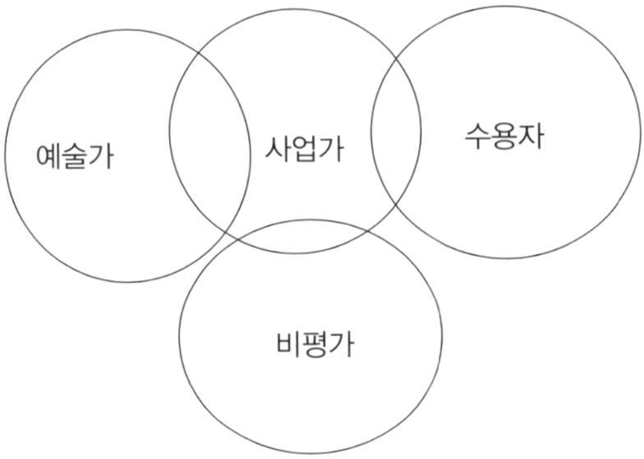

문에서 아홉 번째로 많이 보는 것이 신문소설이므로 신문사주 측에서는 당연히 보다 많은 판매부수를 올리기 위해 신문소설을 채용할 수밖에 없는 것이다. 이 관계는 대중문화 관련도표에 그대로 부합된다.[9]

사업가는 자신의 이윤을 극대화하기 위하여 항상 시장의 수요를 염두에 둔다. 여기에서 신문작가와 독자와의 직접적인 피드백이 사라지고 신문사주가 연재소설을 궁극적으로 통제하게 된다. 따라서 신문소설은 제조된 조립물, 생산물의 차원이 될 수밖에 없고 연재 소설가는 신문이 잘 팔리도록 자신의 소설에 흥미를 가할 수밖에 없다. 특히 신문소설은 매일 1회분씩 끊어 읽어야 하는 특수한 읽기 방법을 가졌다. 독자가 한 편을 읽고 그 다음 회분을 읽기 위해 하루를 기다려야 하므로 소설이 성공하기 위해 작가는 독자에게 당일 회분을 24시간동안 기억시켜야 한다. 결국 신문소설에는 그때그때의 흥미가 강조될 수밖에

9 도널드 도슨, 위의 책, 156쪽.

없다.

그러나 대중매체의 조작 가능성, 예술가와 수용자 사이의 진정한 관계 형성 불가능은 아날로그 매체의 일방향성에서 말미암은 바 크다. 발신자와 수신자의 콘텍스트가 형성되지 않은 상황에서 자본의 힘이 작동할 때, 진정한 메시지는 왜곡되고 조작되는 것이다. 그런데 디지털 매체의 양방향성 때문에 매체를 매개로 발신자와 수신자의 상호작용이 가능하게 되었다. 〈그림 5-2〉는 미디어의 발달에 따라 이용자의 미디어 사용방식이 단순시청형에서 선택형/대화형(양방향)으로 다시 이용자의 취향과 요구에 따라 다른 콘텐츠를 감상할 수 있는 맞춤형이 등장하

〈그림 5-2〉 디지털 기술의 확대와 문화콘텐츠 서비스의 진화
(편재화와 지능형으로 발달)

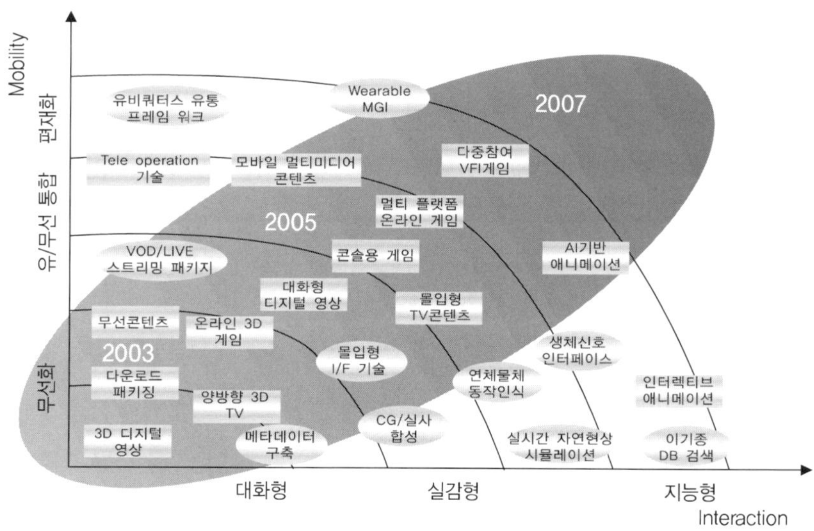

였고, 최근에는 이용자가 스스로 콘텐츠를 창조하는 창조형(실감형/오감형)이 등장하는 상황을 일목요연하게 요약하고 있다. 여기에 유비쿼터스 컴퓨팅 기술의 발달로 편재성이 발달함으로써 사용자는 언제 어디서나 예술을 감상하는 한편 예술의 감상과정이 제작과정과 융합됨으로써 예술의 일대 혁명이 일어나게 된다.

③ 예술의 진화: 생산자와 향유자의 상호작용

창작과 감상의 과정이 동시에 진행됨으로써 이제 예술은 잃어버렸던 현장성을 획득하게 된다. 여기에 방송통신의 융합현상은 가치사슬의 경로를 단선화함으로써 생산자와 수용자의 통로는 직접성을 띠게 된다. 이는 근대 이전의 작품소통 과정과 상당히 유사한 현상인 것이다.

또 근대의 순수예술 향유방식은 전문 예술가들이 일정 다수의 감상자들에게 작품을 제공하는 것이었다. 이는 20세기 후반의 문화산업에서도 마찬가지였다. 비록 제작방식이 복잡해지고 규모가 방대해지면서 여러 사람들이 참여하여 작품을 만들지만 그들은 모두 전문적으로 훈련받은 사람들이며 하나의 프로덕션이란 짜임새 있는 조직에 의해 만들어졌다.

이 시대에 프로와 아마추어는 엄격하게 구분된다. 극소수의 독립영화일지라도 제작자는 잘 훈련받은 전문인력이다. 반면 UCC는 프로와 같은 수준을 지닌 아마추어 작품이라는 점에서 상당한 시사점을 지닌다. 동영상을 만드는 방식이 간단해지고 교육수준이 향상됨에 따라 일반인도 전문가 수준을 지니는 경우가 많아진 것이다. 그리하여 예술작

〈표 5-2〉 생산자와 향유자의 관계로 살펴 본 예술의 진화

시대 구분 / 내용	근대 이전	20세기 전반 (순수예술의 부각)	20세기 후반 (문화산업의 부각)	21세기
현장성 여부	현장성 (생산자와 향유자가 동일 context에 존재)	비현장성 (예: 라디오에서 듣는 베토벤 교향곡)	비현장성	현장성 (정보통신의 발달로 현장성의 복귀)
생산자의 성격	아마추어 예술가 (예: 노동요 창자)	전문 예술가	기업가 지배 하의 문화산업 종사자	프로추어 예술가
생산자와 향유자의 관계	상호작용성	일방향성	일방향성 (방송과 같은 매스미디어의 특성)	상호작용성
예술과 상품의 구분	예술과 상품의 구분 모호	예술과 상품의 분리	예술의 상품화	상품의 예술화

품에서 생산자와 소비자의 민주화가 일어나면서도 작품의 질은 아마추어의 경지를 넘어서는 현상이 나타나게 된다.

이로써 21세기 대중문화에는 그간 대중문화의 문제점으로 지적되어 온 소통과정에서의 자본과 권력이 사라지게 되면서 고대와 근대의 문화예술적 속성을 새로운 매체에 구현하는 제 3의 순수예술이란 방향을 띠게 된다.

물론 광고회사나 기업에서 UCC를 이용하여 마케팅을 하기도 한다. 예를 들어 몇 년 전 인터넷에서 '떨녀' 동영상이 크게 화제를 모으면서 춤을 춘 여학생이 스타로 떠오른 적이 있다. 그러나 곧 이 동영상이 치밀한 기획에 의해 만들어진 것임이 판명되면서 바이러스 마케팅이라는

용어가 세인들의 관심을 모으기 시작했다. 광고업자들이 인터넷 공간의 입소문 방식을 이용하여 미끼를 던짐으로써 상품을 선전하는 방식이 주효한 것이다.

그러나 이런 마케팅 방식은 적중률이 떨어지고 발달된 인터넷 문화에 의해 곧 진위가 밝혀지기 때문에 큰 성공을 거두지는 못하고 있다. 수십 만 명의 누리꾼들의 눈에 의해 인터넷 공간은 마치 수십만 군중이 운집한 아고라 광장과 같은 역할을 하는 것이다. 이 과정에서 욕망조작 가능성은 점점 희박해져 가고 있다.

최근 UCC는 숨겨진 천재들을 발견하는 중요한 과정으로 등장하고 있다. 앞에서 소개했듯이 캐논 변주곡을 연주하여 세계적 스타가 된 임정현 씨를 위시하여 평범한 천재, 프로추어들이 이제 더 이상 드물지 않은 세상이 되었다.

여기서 근대의 예술가 개념은 한 걸음 더 진화한다. 소수의 예술가들이 자신의 타고난 천재성을 발휘하여 평범한 대중을 끝내는 감동시킨다는, 그리하여 평범한 일상을 변모시킨다는 엘리트주의는 높아진 교육열과 자신의 작품을 자유롭게 진열할 수 있는 인터넷 공간에 의해 수많은 사람들에게 열림으로서 대중화하고 있다. 그리고 그 재능들은 수준 높고 눈 밝은 누리꾼들에 의해 검증받고 자극받으며 끊임없이 자신의 생산물을 변모시켜 나간다.

일방향적이 아니기 때문에 그간 대중문화가 불특정 다수의 공허한 평균치를 겨냥하여 창조적이지 못하고 상투성으로 일관한다는 비판도 큰 위력을 발휘하지 못하게 되었다. 인터넷의 양방향성과 거미줄처럼 얽힌 인터넷 구조 때문에 소수 매니아 문화의 형성이 가능하게 되었다.

자신의 취향과 '수준'에 맞는 문화예술의 감상이 이루어지는 것이다.

이제 어쩌면 수많은 천재의 창의성이 수용자들의 창의성과 맞물리면서 상승효과를 이룰 수 있는 시대가 도래한 것인지도 모른다.

(2) UCC-원시예술로의 복귀

① 주술성과 나르시시즘

예술의 기원에 대해 많은 학자들은 원시공동체 사회의 문화 그 자체에서 원시예술의 근원을 찾기 시작했다. 학자들은 예술의 뿌리를 주술에서, 즉 원시공동체 사람들의 자연발생적 종교에서 찾았다. 예술은 종교적 필요로부터, 말하자면 춤과 노래, 토템과 정령과 신비적 힘에 대한 조각, 혹은 회화적 묘사의 도움을 받을 때에만 수행될 수 있는 마법적 주술의 필요성으로부터 발생했다는 것이다.[10]

대표적 예로 흔히 알타미라 벽화가 거론된다. 당시 원시인들은 어둡고 깊숙한 동굴 속에서 아주 불편한 자세로 그림을 그렸다. 때로는 동굴에서 돌등잔이 발견되기도 했다. 이들은 흔히 동물을 놀라우리만큼 정밀하고 아름답게 묘사하였다. 이런 암벽에 그린 아름다운 동물그림들은 아프리카 대륙의 남반부에서 더욱 많이 발견되고 있다.[11]

예술가들은 아무 것도 없는 암벽에 들소의 그림을 그릴 때 바깥 초원에서 자신의 동료들이 그 들소를 잡을 것을 믿어 의심치 않는다. 그들

10 M.S. 까간, 진중권 옮김, 《미학강의 1》, 새길, 1998, 246~247쪽.

11 랜슬롯 호그벤, 김지운 옮김, 《동굴벽화에서 만화까지》, 커뮤니케이션북스. 2007, 14~25쪽.

에게 주술은 일종의 신념이었다. 죽이고 싶은 원수의 인형에 화살을 꽂으면 그는 곧 죽게 되고 짐승에게 올가미를 씌우면 그 짐승은 자기 것이 된다. 원시인들은 말과 생각의 전지전능함을 믿고 있었으며 자신의 소망과 정신작용이 대상을 변모시킬 수 있다는 과대망상에 사로잡혀 있었다. 주술을 사용하는 것이 그 증거이다.[12]

예술의 이런 출발은 미학자들에 의해 피그말리온, 환영과 비현실의 영역에 있는 예술가의 환각으로 표현되기도 한다. 피그말리온은 조각가인데 자신이 만든 여자 조각상과 사랑에 빠졌고 그의 염원은 신의 도움으로 성취된다는 신화이다. 이 신화는 많은 사상가들로부터 죽어있는 질료에 생명을 부여하는 예술의 본질을 상징하는 것으로 찬양된다.[13]

그런데 디지털 기반의 영상물은 유달리 중독성이 많은 것으로 드러나고 있다. 게임중독은 물론이고 UCC 동영상물에서도 이런 현상은 두드러진다. 컴퓨터 화면 속의 스토리텔링은 곧 나의 경험이 된다. 게임 속에서 적을 쳐부수는 나의 화신인 캐릭터는 곧 현실의 나의 정체성을 이룬다. 컴퓨터 화면에서 괴물을 잡은 나는 현실에서 괴물을 잡은 것과 같은 희열을 느낀다. 인터넷에서 잡은 적의 군사들은 현실에서 잡을 수 있는 소가 되어 현실화되며 그 모습은 다시 동영상으로 제작되어 인류의 공동두뇌로서 또 다른 '나'의 정체성인 인터넷에 다시 올려진다. 가상이 현실화되고 그 현실이 다시 가상화되는 이런 순환의 폭력적 양상

12 스티븐 컨, 박성관 옮김, 《시간과 공간의 문화사》, 휴머니스트, 2004, 500~503쪽. 지그문트 프로이트, 윤희기 옮김, 《무의식에 관하여》, 열린책들, 1997, 45~57쪽.

13 우도 쿨터만, 김문환 옮김, 《예술이론의 역사》, 문예출판사, 2000, 19~30쪽.

이 최근 성폭력과 왕따 동영상이며 가장 비극적으로 드러난 것이 최근 버지니아 텍 사건인 것이다.

먼저 수년 전 밀양에서 벌어진 성폭행 사건은 몇 년 동안 유사사건이 심심치 않게 일어나더니 최근 안동에서도 그대로 재연되었다. 2004년, 경남 밀양에서 여중생 자매 등 10대 여학생 5명을 약 1년간에 걸쳐 집단 성폭행한 경남 밀양시의 고교생들이 무더기로 경찰서에 붙잡혔다.[14] 당시 고교생들은 성폭행 장면을 동영상으로 찍어 피해자들을 협박했다. 이 행동은 그들의 성폭행이 인터넷상의 동영상물을 흉내 낸 것이라는 점을 역설적으로 시사한다. 최근 청소년들의 성범죄가 음란물에서 촉발된다는 조사가 있다. 포르노는 여성들이 강간당하길 원하고 여성들의 자발적 쾌락이 일고의 가치도 없다는 것을 소비자에게 지속적으로 보여줌으로써 강간욕구를 증대시킬 수 있다.

여기에서 요구되는 남성상은 힘들이지 않고 정복하는 모습이며, 여성상은 젊고 아름다우며 남성의 힘과 진취성에 감탄하는 순종적 모습이다. 포르노의 성애(性愛)는 폭력과 쉽게 연결됨으로써 인간의 무의식을 자극하며 충족시킨다. 그런데 이 통제되지 않은 인간 수성(獸性)의 본능은 인터넷 공간에서 더한 위력을 발휘한다. 이런 매체의 특수성 때문에 사람들은 몸의 제약에서 벗어나 해방감을 느끼면서 해야 될 일과 하지 말아야 할 일의 경계선을 잊어버리고는 한다. 인터넷상의 포르노물(物)은 이 경계의식에서 기생하여 꽃을 피우는 오락거리이다.

더구나 아직 미성숙한 청소년들은 이 매체환경을 통해 폭력과 성애

---

14 동아일보. 2004. 12.8 29면

가 버무려진 포르노물에 쉽사리 중독된다. 그들은 컴퓨터게임에 빠진 오타쿠처럼 가상세계의 폭력을 현실에 적용하고자 하는 욕구를 느끼게 되는 것이다. 그들은 가상세계에서 본 성폭력을 현실에 적용하고, 현실에서는 자신의 행위를 동영상으로 만들어 다시 가상화한다.

2007년 4월 3일 오전, 주요 포털 사이트 뉴스 실시간 검색어에 '안동 성폭행'이 상위에 올랐다. 친구를 집단으로 성폭행하고 그 장면을 휴대폰으로 촬영한 청소년들이 붙잡혔기 때문이다.[15] 이 동영상은 인터넷에 올라 수많은 네티즌들이 접속했다.

그러나 더욱 문제가 되는 것은 한국에서 발생한 이 사례가 이제 세계적 현상이 되고 있다는 사실이다. 최근 호주 시드니에서는 17세의 여고생을 두 명이 성폭행했으며 다른 세 명은 이를 지켜보고 이들 중 한 명이 이 광경을 휴대폰으로 촬영해 소녀가 다니고 있는 고등학교에 동영상을 전송했다는 것이다.[16]

물렁물렁한 화면, 나의 손을 따라 화면에는 커서의 모양이 손으로 바뀌고 나의 신체에서 확장된 손처럼 움직이는 커서에 따라 하이퍼텍스트는 유연하게 몸을 바꾼다. 화면의 변화가 다시 나의 감각에 반응을 일으키고 그 반응에 따라 화면이 움직이는 상황에서 컴퓨터 화면은 나의 에고와 합쳐진다. 화면의 장면들은 그것이 아무리 선정적이든 말초적이든 큰 부담 없이 나의 의식 속에 흘러들어가 나의 정체성을 이루며 내가 마치 그 화면 가득히 움직이는 사람들이 된 듯한 착각에 빠진다.

포르노물은 이 위험한 몰입의 한가운데서 우리의 뇌리를 파고든다.

---

15 http://www.edaily.co.kr

16 http://news.media.daum.net

폭력을 가하는 화면 속의 '나'는 손쉽게 현실의 '나'로 전이된다. 화면 속의 포르노물의 주인공은 이제 내가 되어 그것을 현실에 적용하려 한다. 그리하여 수많은 동영상 포르노물을 보았음에 틀림없는 밀양, 안동, 호주 시드니에서 성폭행 사건을 일으킨 청소년들은 그들 속으로 흘러든 성폭력의 스토리텔링을 현실에 적용시키고는 현실의 자신의 행위를 동영상으로 만들어 현실의 주체를 다시 가상화한다. 그리고 가상화된 현실의 스토리텔링은 다시 바이러스처럼 그것을 보는 다른 누리꾼들의 뇌리에 스며든다. 가상과 현실은 서로 넘나들며 그 끔찍한 폭력을 증폭시키고는 아무렇지도 않은 것으로 만들어버리고 만다.

현실에서 있을 수 없는 가상화된 스토리텔링은 내 머릿속으로 흘러들어가 나를 만들고, 이미 내 것이 되어버린 그 스토리텔링은 현실에서 거리낌 없이 재현된다. 그리고 그 스토리텔링은 인류의 집단두뇌인 인터넷상에 저장되어 언제든지 다시 기억 속으로 끄집어내어질 날을 기다린다.

이제 가상은 현실을 대체한다. 청소년들은 어떤 행동을 본뜨는 것이 아니다. 실제로 일어나지 않았던 온갖 폭력적 욕망과 상상력으로 버무려진 있을 수 없는 포르노의 스토리텔링은 이제 현실화되면서 현실을 덮어버린다. 이제 지도가 영토에 선행하고 심지어 영토를 만들어내는 상황이 되어버리는 것이다. 17

---

17 최혜실, "UCC, 원시공동체로의 복귀", 〈사회비평〉 복간호, 2007. 여름

② 기록이 기억을 지배하는 사회

프로이트의 사상 중에서 가장 획기적인 부분은 모든 기억이 어떤 식으로든지 간직된다는 주장이다. 우리가 인생의 초년기에 받은 인상들은 대부분 망각 속에 묻혀버린다 해도 완전히 근절할 수 없는 흔적을 남기는 것이다. 인상들은 전부 보존되는데, 그 방식은 처음 각인된 형태로만이 아니라 이후의 발전과정에서 취한 모든 형태들로도 보존된다. 이리하여 초기 상태의 모든 기억내용들은 다시 기억으로 회복될 수 있다. 설령 기억내용의 여러 요소들이 오래전에 원래의 맥락을 잃고 더 최근의 맥락으로 대체되었을 경우에도 그렇다.

이런 프로이트적 발상을 가장 열심히 계승하여 발전시킨 철학자는 베르그송이었다. 그의 생각은 기본적으로 모든 것은 반드시 앞선 것에 대한 인식을 포함한다는 것이었다. 만약 그렇지 않다면 우리는 음악의 선율을 들을 수도 없고 자기 정체성을 유지할 수도 없을 것이다. 베르그송은 이런 맥락 하에 과거는 발동기 메커니즘으로서의 회상으로서 살아남는다고 결론지었다. 신체는 미래와 과거 사이의 늘 전진하는 경계로서 뒤에 남겨진 행위와 앞에 있는 시점들을 통합한다. 과거의 모든 경험들은 아무리 오래 전에 일어난 것일지라도 현재와 끊임없이 상호관계를 맺는다.

반면 윌리엄 제임스는 현재의 일부분인 최근의 기억과 현재와 분리되는 것으로 회상되는 먼 기억 사이에는 확실한 구분이 있다고 보았다. 후설은 제임스와 마찬가지로 과거의 경험에는 기억(*retention*)과 상기(*recollection*)의 두 가지 종류가 있다고 보았다. 시간이 지나면 기억은 완전히 사위어 들어 더 이상 직접적으로 주어지는 현재의 일부이기를 그친다. 그리고 그것을 다시 경험하고 싶으면 기억이 아니라 상기로서 재구성해야 한다. 요약하면, 베르그송의 과거는 현재를 갉아먹고, 제임스의 과거는 현재 속으로 흘러들며, 후설의 과거는 현재에 달라붙어 있다. 과거는 현재에 큰 영향을 미치나 그것은 현재에 의해 변용된 과거일 것이다.

그런데 이 망각에 저항하는 것이 기록이었다. 문자기록은 과거의 어떤 사실이 단순히 개인경험의 변형이나 복원이 아니라 집단기억으로 '객관화'되게 만들고 고정시킨다. 특히 문자기록은 그 특성상 상황을 전면적으로 재현시킬 수 없다. 아무리 많은 장을 할애해도 어떤 장면을 그림처럼 완벽하게 복원할 수는 없는 노릇이다.

그런데 디지털 시대에 개인들은 자신의 사적인 내밀한 기억을 정확한 현재의 영상으로 기록할 수 있게 되었다. 사람들은 스스로 기억을 선별하여 스토리텔링화(허구화)한다. 100일이 지난 연인들 사이에 어찌 달콤하고 예쁜 일들만 있었겠는가? 미움과 망설임, 밀고 당기는 영악한 싸움은 선별된 기억에 의해 달콤한 스토리텔링으로만 남게 된다. 아이를 기르는 일 년 동안 어찌 사랑과 보살핌만이 있었겠는가? 아이의 끊임없는 울음으로 불면의 고통을 받는 밤, 걸핏하면 40도 가까이 올라가는 열로 응급실 신세를 지던 나날, 24시간 대기로 아이에 목메어 살아가는 자신에 한심해하는 나날, 이 모든 것은 돌잔치, 아이의 환한 웃음과 행복해하는 부부의 미소로 정의된다.

그리고 먼 훗날 우리들에게는 세월이 흐려놓은 희미한 기억의 퍼올림이 아니라 당시 선명하게 남아있는 영상이 확고하게 남아있게 된다.

그러나 이것을 다시 뒤집으면 편집된 기록만이 기억으로 남기를 강요받는다는 사실도 된다. 이제 기록의 폭력적 힘은 개인의 실제 체험을 가상화하게 되었다. 이제 더 이상 과거는 나의 현실과 체험에 의해 변형된 진실한 나의 그 무엇이 아니다. 현재의 나는 과거 어느 순간에 선별된 스토리텔링에 의해 끊임없이 간섭받고 교정된다. 지울 수 없는 잔여물로 인간의 기관 속에 새겨진 과거의 잔유물은 이제 영원히 남아있을 적나라한 영상과 소리에 의해 규정되어 버린다.

그 규정에는 수많은 증인들이 있다. 자신의 내밀한 기록들을 퍼블리시하는 이런 동영상들에는 수많은 댓글이 달린다. 참 좋아 보인다거나 나도 그런 애인이 있었으면 좋겠다거나 아이의 건강과 행복을 빈다는 축복의 글에서부터 근거 없는 비방이나 원한의 말들에 이르기까지 수많은 사람들의 증언은 그가 선별적으로 스토리텔링화한 기억을 공적으로 확고하게 만든다.

③ 프라이버시의 공론화, 혹은 법과 도덕의 분리에서 일치로

자신만이 알고 있는 진실, 자신에 의해 내밀화된 진실, 삶의 구체적인 맥락 속에서만이 섬세하게 살아날 수 있는 나의 기억은 선별의 그 순간부터 공적 영역으로 진입해버린다. 아니 어느 순간에 찍힌 동영상은 그 맥락에서 개인을 떼어버리고 개인을 공론의 장에서 처벌받도록 만든다. 탈근대의 순간이다.

하버마스는 에더, 슐르흐터의 견해를 받아들여, 근대화의 과정은 법과 도덕의 분리과정과 일치한다고 주장한다. 도덕은 점점 탈제도화되어서 내면적 태도를 규제하는 것으로 단지 인격체계와 관계가 있으며, 법은 외부로부터 부과되는 힘으로 분화된다. 이 과정에서 국가에 의해 만들어진 강제법은 법관의 윤리적 동기와는 무관한, 그리고 법의 추상적 복종에만 의존하는 하나의 제도가 된다.

반면 전근대 사회에서 사적인 부분은 흔히 공동체의 제도적 윤리 속에 체계화되어 있다. 예를 들어 근대 이전의 사랑은 인륜의 형식으로 제도화되어 있었다. 부부유별이나 의리 차원으로 사랑을 설명하는 것이 그것이다. 전근대 사회에서 도덕적으로 문제가 되는 행위를 저지른 자는 그의 행위가 공동체의 모든 사람에게 해를 입힌 것으로 간주되어 처벌된다. 특히 어떤 개인이 책임져야 하는 규범을 위반한 데 대한 비난이 중점이 되는 것이 아니라 공동체 전체의 정신상태를 오염시켰다는 측면에 강조점이 두어진다. 신성한 질서를 침해한 데 대한 벌은 속죄의 성격을 띠게 된다.

이제 인터넷 공동체의 시대 개인의 사적 행위가 공론의 장으로 나오게 된 지금 단순히 칭찬받는 정도나 비난 받는 정도에 그쳤던 개인의 행동들이 여론의 도마에 오르면서 응분의 보상을 받거나 엄혹하게 단죄되고 있다. 한 여대생이 거리의 노인에게 목도리를 둘러주고 다정한 말을 해주었던 장면을 찍은 '목도리녀'의 사진은 평범한 여대생에게 학교 장학금, 평생 취직보장이라는 보상을 안겨주었다. 이것이 천하 효자라고 소문이 나자 왕이 그를 불러 벼슬을 내리고 논밭을 주어 평생을 유족하게 살게 했다는 조선시대 기록과 다를 것이 무엇인가? 이제 선행은 공론의 장으로 나오는 순간 단순히 개인적으로 칭찬받는 수준을 넘어서 공동체의 숭고한 정신을 빛낸 우리 모두의 선행으로 보편화된다.

마찬가지로 비난방식도 신성한 공동체 질서의 법의 차원에서 공론화한다. 한 인기 탤런트는 술집 접대부에게 사랑을 느꼈고 진실하게 사랑했으나 환경이 여의치 못하여 헤어지게 되었다. 크게 상심한 여성은 자살했고 이 사실이 누리꾼에 알려지면서 그 탤런트는 비난의 화살을 한몸에 받게 된다. 홈페이지에 속죄의 글을 올리고 연예활동을 잠정 중단하기도 하였으나 누리꾼들은 그의 연예활동 재계에 대해 따가운 시선을 보냈다. 이 정도 수준이면 상당한 기간 동안 활동을 금지하는 벌을 받게 될 것이다. 연예인에게 방송활동 중단이란 사형선고나 다름없는 일이다.

사랑이 무엇인가? 서로 우연히 만나 열정을 느끼고 환경이 여의치 못하여 헤어지는 과정은 지극히 사적 범주에 속한다. 그러나 누리꾼들은 그들의 사적 감정을 윤리와 의리의 제도 속에 넣으면서 혹독한 징벌을 가하고 있는 것이다. 사적 감정의 소통인 사랑은 약속과 계약의 차원으로 변모하고 그는 신성한 질서를 해친 속죄양으로 떠오르고 있다.

정치인에 대한 동영상은 더욱 혹독하다. 2006년 11월 몬태나주에서 재선을 노렸던 콘래드 번스 상원의원이 농장법안 공청회에서 깜박 졸았던 장면이 유튜브(YouTube)에 올랐다. 〈콘래드 번스의 낮잠〉이란 이 동영상은 10만 명가량이 보았는데 그는 불과 1%의 표차로 고배를 마셨다. UCC의 위력이 확인된 사건이었다.

그러나 번스 상원의원의 낮잠은 따지고 보면 지극히 생리적인 일일 뿐이었다. 선거유세 기간 중 며칠 동안 잠을 못 잤을 수도 있었고, 감기약을 과도하게 먹었을 수도 있다. 그러나 분노한 농민들은 그를 선거낙선으로 단죄하였다. 지극히 사적인 한순간의 잠이 공적 영역으로 나옴으로써 공동체 구성원들에게 공적 규제를 받게 한 것이다.

그뿐인가, 조지 앨런 상원의원은 인디언계 비디오 촬영기사에게 '마카카'(원숭이를 뜻하는 인종차별적 발언)라고 부른 동영상이 유포되어 인종차별자로 낙인찍혀 선거에 패배하고 만다. 그의 무의식, 어쩌다 한번 뱉은 거의 무의식에 해당하는 발언은 누리꾼들이라는 집단초자아의 혹독한 검열에 걸려들고 말았다. 공인의 무의식은 시시각각으로 감시당하고 통제당한다.

④ 과대망상, 영상중독, 그리고 나르시시즘의 복수

우리의 현실을 덮는 이미지, 우리와 현실의 경계를 무화시키는 이미지에 역설적으로 복수할 수 있는 자는 어쩌면 테러리스트나 정신병자인지 모른다. 그는 이를 악물고 때로는 노려보면서, 심지어 권총으로 '당신'을 겨누면서 '당신'을 향해 외친다. 아니 권총을 든 두 손을 높이 쳐들기도 한다.

> 당신은 이 상황을 피할 수 있는 방법과 기회가 수없이 많았다. 하지만 당신은 내 피를 쏟기로 결정했다. 당신은 나를 구석으로 몰아넣었고 내게 어떤 선택권도 주지 않았다. 그 결정은 당신의 것이었다. 이제 당신은 절대로 씻어지지 않을 피를 당신의 손에 묻혔다… 당신은 그저 나를 괴롭히기를 좋아했다. 당신은 내 머릿속에 암을 주입하는 것을 좋아했다. 내 가슴속에는 공포를, 그리고 지금껏 내 영혼을 찢어놓는 것을 좋아했다…18

18 http://news.media.daum.net/foreign/america/200704/19/hani/v16438921.html

그의 부모는 1990년대 한국에서 미국으로 건너가 중산층의 삶을 이룬 건실한 한국인이다. 누나도 명문대를 나왔으며 그 자신도 버지니아텍에 재학중인 학생이었다. 어머니는 유난히 내성적인 아들을 위해 교회에 나갈 정도로 자상한 전형적인 한국형 어머니였다. 살아가면서 사소한 상처는 있었을 수 있으나 그토록 지속적으로 그를 괴롭히고 고통을 주는 사람은 없었던 것으로 보인다. 그의 가정 사정을 문제 삼는 사람들은 그의 누나를 생각해보기 바란다. 조승희와 같은 환경에서 자랐으면서도 정확히 반대편에서 아메리칸 드림을 이룬 그녀를 생각해볼 때 교포 1.5세들의 정체성 문제에 초점을 맞추는 것은 의미가 없어 보인다. 오히려 한국에서부터 유난히 말수가 적어 어머니와 할머니의 근심거리였던 그의 성격에 초점을 맞추어 보는 것이 타당하리라 생각된다.

결론적으로 그가 말하고 있는 '당신'은 바로 그 자신이다. 이는 전형적인 과대망상적 증상인바 과대망상은 대상 리비도를 희생한 대가로 생겨난 것이다. 외부세계에 등을 돌린 리비도는 자아에게로 방향을 돌려 나르시시즘의 태도를 발생하게 한다. 그는 1차 범행 직후 자신을 동영상으로 찍어 방송국으로 보낸다. 곧 인터넷을 통해 유포된 그 동영상은 때로는 이를 악물며, 오랜 유폐기간 동안 자기 자신에게 수없이 되풀이한 그 말을 뱉어낸다. '당신' 대신 '나'를 대입해보라.

> 나는 이 상황을 피할 수 있는 방법과 기회가 수없이 많았다. 하지만 나는 내 피를 쏟기로 결정했다. 나 자신은 나를 구석으로 몰아넣었고 내게 어떤 선택권도 주지 않았다. 그 결정은 나의 것이었다. 이제 나는 절대로 씻어지지 않을 피를 나의 손에 묻혔다 … 나는 그저 나를 괴롭히기를 좋아했다. 나는 내 머릿속에 암을 주입하는 것을 좋아했다.

> 내 가슴속에는 공포를, 그리고 지금껏 내 영혼을 찢어놓는 것을 좋아했다 …

철저하게 맞아떨어지지 않는가? 손톱만큼의 어색함도 없이 그대로 맞아 떨어지지 않는가? 그 자폐의 오랜 기간 동안 끊임없이 자기를 괴롭혀 온 피해망상의 사연들이 손에 잡힐 듯 드러나지 않는가? 물론 그에게 일종의 강박 신경증도 존재한다. 그는 '부자'들을 향해 일갈한다.

> 단지 당신이 그럴 수 있다는 이유만으로. 당신은 원하는 것은 무엇이든 가졌다. 당신의 메르세데스(벤츠)로 만족하지 못했다. 이 망나니들. 당신의 금목걸이들로 만족하지 못했다. 이 속물들아. 당신의 신탁으로 부족했다. 당신의 보드카와 코냑으로도 부족했다. 당신이 가진 그 모든 방탕한 것들로는 만족하지 못했다. 그것들은 당신의 쾌락주의적 욕구를 충족시키기에 부족했다. 당신은 모든 것을 가졌다. 때가 이르렀을 때 나는 행동했다. 그럴 수밖에 없었다.[19]

사람들은 교묘한 그의 혼동에 일순간 속아버린다. 그의 선언문의 거의 마지막쯤 당신의 정체가 나타난다. 문자 그대로 해석한다면 '당신'은 메르세데스 같은 고급차나 코냑 같은 고급술에도 만족하지 못하는 속물들이다. 그러나 그는 환자라는 사실을 잊지 말자. 강박 신경증의 환자는 현실적 대상을 자신의 기억 속에서 끄집어낸 상상의 대상으로 대체하거나 현실적 대상을 상상의 대상으로 뒤섞어버리는 경향이 있다. 다른 한편 그런 현실적 대상과 관련하여 애초에 지니고 있던 목적

19 위의 사이트.

을 포기해버리는 경향도 있는 것이다.

그에게 부자, 속물은 조금만 더 노력하면 자신이 앞으로 누릴 중산층의 삶이다. 이제 자리 잡은 유복한 집안의 유일한 아들이 누릴 수 있는 삶이며, 그의 가족들이 누리고 있는 삶이기도 하다. 나, 우리 가족, 그리고 당신은 한데 엉키고 서로 대체되며 중첩된다. 그의 혼란은 맨 마지막 말이 "당신은 모든 것을 가졌다. 때가 이르렀을 때 나는 행동했다. 그럴 수밖에 없었다"로 끝나는 데서 발견된다. '당신' 뒤에 그는 다시 '나'라는 인칭을 사용하면서 말을 이어나간다.

그는 인터넷에서 노려본다. 자신과 대상의 어처구니없는 혼동 속에서, 그 자폐적 태도 속에서, 졸았다는 사적 행동 하나로 한 정치인을 유권자를 경멸하는 파렴치한 정치인으로 만드는, 사랑의 사적 감정을 쉽게 의리의 제도 속에 넣어 재단하는 수많은 '당신'을 역설적으로 드러내어 보인다. 그렇다. 그는 그런 이상한 우리들을 되비추는 거울이다.

뜬금없이 망치를 든 그의 모습에서 많은 사람들은 〈올드보이〉의 최민식을 연상했다. 그러나 사실 그 뿐인가? 권총을 겨누고 우리를 노려보는 그 모습은 수많은 서부극이나 액션물에서 보아온 이미지이다. 총을 들고 두 손을 높이 쳐든 모습 또한 얼마나 많은 서부영화의 클리셰인가?

그는 며칠 전에 자신이 직접 제작한 것이 틀림없는 비디오 테이프에서 범행 당시와 똑같은 검은 셔츠와 조끼를 입고 있다. 어깨에는 탄창을 두르고 손가락이 나오는 반장갑에 양손에는 권총을 한 자루씩 들고 있다. 이 복장은 컴퓨터 게임인 〈카운터 스트라이크〉에 나오는 전투원의 기본 복장과 흡사하다. 1990년대 후반부터 인기를 끈 1인칭 슈팅게임으로서 평소 조승희가 즐겨 했다고 한다. 게임 참가자는 테러집단과 반테러 집단으로 나눠 싸우며 기관총, 권총, 라이플, 수류탄, 칼 등을 선택해 싸운다. 이 중에는 그가 범행에 사용했던 권총인 글록도 나온다. 실제와 비슷한 상황설정에 정교한 삼차원 그래픽이 지원되어 게이머가 가상공간에 직접 들어간 것과 같은 착각을 느끼게 한다.[20]

그는 이처럼 이미지를 차용하고 현실에서 그 이미지를 철저하게 적용하였으며 마침내 성공하였다. 그리고 파생실재의 승리인 대량학살은 미디어를 통해 다시 전 세계 누리꾼들의 뇌수 속으로 흘러들어갔다. 인터넷 포털 게시판에는 다음과 같은 댓글들이 떴다.

> 32킬 1데쓰죠… 정말 놀라운 실력이군
> 그게 아니라 32킬 29양념 1데쓰죠
> (그의 실력이) 마냥 부럽다는…

여기서 '킬'은 사망자를, '양념'은 부상자를, '데쓰'는 본인의 죽음을 뜻하는 컴퓨터 은어로 〈서든어택〉 등 인기 일인칭 전투 게임의 사용자들의 대화에 자주 등장한다.[21] 온라인을 통해 게이머들의 육체 속에 체화된 이 기억들은 한 누리꾼(조승희)에 의해 현실로 실천되고 다시 UCC로 가상화되어 인터넷에 올려 진다. 수용자들은 현실의 사건을 다시 가상현실로 해석하고 그 과정에서 현실과 가상은 모호해진다. 이제 조승희 동영상은 음험한 기억으로 인류의 공동두뇌의 깊숙한 곳에 각인되고 시시때때로 회상 속에서 길어 올려져 현실로 나올 것이다.

---

20 〈중앙일보〉, 2007년 4월 20일 3면.

21 〈한겨레〉, 2007년 4월 20일 12면.

2. 문화 · 예술 및 인문학적 기반과 창의력 중심의 콘텐츠 정책

1) 한국 문화콘텐츠의 문제점과 문화 · 예술 및 인문학적 기반의 중요성

(1) 국가 차원의 문화산업 경쟁력 분석

〈그림 5-3〉은 시장 및 유통구조, 사업환경 및 경쟁역량, 양질의 차별적 자원공급, 콘텐츠 창작의 기반지원 환경 등 4대 경쟁력 요인별 국가간

〈그림 5-3〉 경쟁력 지수

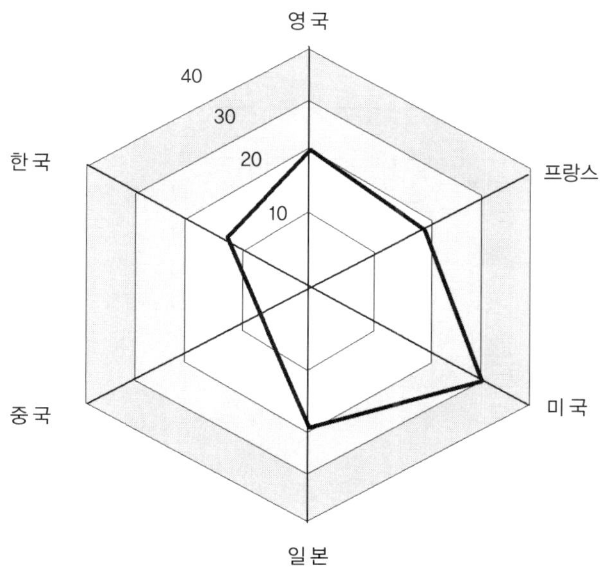

출처: 한국 문화산업의 국제 경쟁력 분석, 문화관광부(한국문화콘텐츠진흥원, 2004).

〈표 5-3〉 국가차원의 경쟁력 비교

경쟁력 요인	영국	프랑스	미국	일본	중국	한국
시장 및 유통구조	4.46	3.82	9.40	4.73	1.03	3.66
사업 환경 및 경쟁역량	2.66	3.67	5.24	2.54	0.74	1.46
양질의 차별적 자원공급	6.69	5.12	9.43	7.40	2.21	5.46
콘텐츠 창작의 기반지원환경	6.66	4.04	7.33	4.04	2.55	1.85
경쟁력 지수	20.48	16.65	31.41	18.71	6.53	12.44

출처: 한국 문화산업의 국제 경쟁력 분석, 문화관광부(한국문화콘텐츠진흥원, 2004).

〈그림 5-4〉 국가차원의 경쟁력 비교 그래프

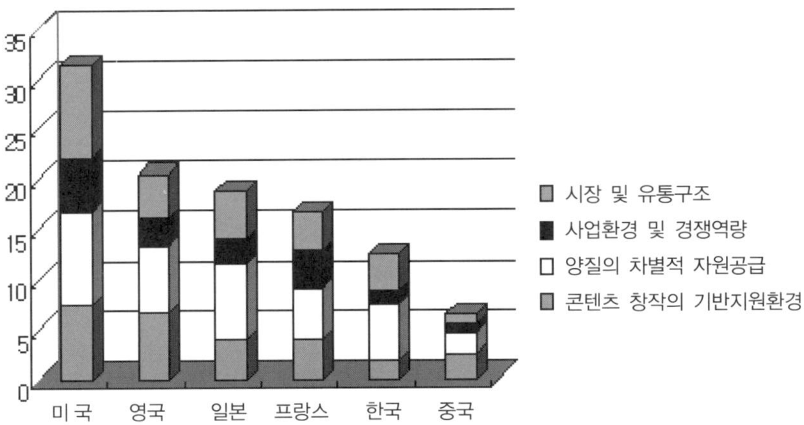

비교분석을 종합적으로 취합하여 문화산업의 국가별 경쟁력을 분석한 표이다. 미국이 31.41로 가장 높은 경쟁 수준을 유지하고 있으며, 영국-프랑스, 일본이 문화 선진국답게 비슷한 점수를 유지하며 2그룹을 형성하고 있다. 한국이 3그룹, 중국이 하위그룹으로 나타났다.

경쟁력 지수를 요인별로 살펴보면 한국의 문화산업이 3그룹을 유지하고 있는 이유가 자명하게 나타난다. 한국은 양질의 차별적 자원공급이 다른 경쟁력 요인 중에서 가장 높은 점수를 받았으며, 관련 분야의 인적 자원의 수준도 선진국 수준이다. 단 동일하게 우수한 인적 자원일지라도 해당자원의 효율적 리소스 사용이 선진국보다 떨어지는 것으로 판단된다. 시장 및 유통구조는 프랑스, 영국, 일본보다 다소 떨어지나 브로드밴드 인프라와 이동통신 인프라에 힘입어 디지털 유통체계 구축 부문에 뛰어난 경쟁력을 확보할 가능성이 크다. 사업환경 및 경쟁역량 또한 영국, 프랑스, 일본보다 다소 떨어지나 근소한 차이를 보인다. 음악과 영화산업을 고려할 때, 특정 장르에서는 상당한 경쟁력과 자생력을 갖고 있다.

그러나 가장 문제점으로 나타난 것이 콘텐츠 창작의 기반지원 환경의 요인이라는 점에 주목해야 한다. 이것은 문화콘텐츠의 접근 용이성과 기반시설(도서관, 영화관, 박물관 등), 창작 콘텐츠가 국가별로 얼마나 활성화되고 있는지 살펴보는 산업 장르별 콘텐츠의 연간 생산량, 그 중 자기 나라의 콘텐츠 비율이 중요하다. 그런데 한국의 경우, 기반시설이 부족하고 자국 콘텐츠 활성화 부분 등에서 다른 문화선진국과 격차가 2배 이상 나는 등 다른 분야에 비해 경쟁력이 훨씬 떨어져 한국 문화산업 수준을 떨어트리는 결정적 요인이 되고 있다.

(2) 창의성의 원천으로서의 문화예술

최근 지식기반 사회가 시작되면서 국가마다 창의성이 정책의 화두가 되고 있는 실정이다. 영국은 1998년 창의적인 영국(Creative Britain)을, 2000년 미국은 창의적인 미국(Creative America)을 발표하는 등 많은 국가들이 창의적인 국가의 청사진을 발표하고 있다. 그 이유는 21세기의 제반 상황에서 창의성이 경제뿐 아니라 사회의 총체적 생산능력의 필수적 요건이기 때문이다. 정보화 사회의 지식기반 경제가 새로운 지식, 감성이 고도의 부가가치를 낳은 산업으로 만들고 있기 때문이다.

지식기반 사회가 요청하는 창의성 모델은 개개인의 창의성을 극대화함으로써 엄청난 부가가치를 창출하는, 다르게 표현하면 자본으로의 가치전환이 가능한 창의성이다. 물론 창의성의 가치는 경제에만 있는 것이 아니다. 창의성이 가진 문화적 가치가 극대화된 것이 인문학과 예술이며 기술적 가치가 극대화된 것이 과학이며, 정치가 극대화된 것이 민주주의이다.

창의성은 다르게 보고 다르게 생각하는 능력이자 태도이며, 일반적으로 알려지지 않은 새로운 도전을 받아들이고 새로운 문제에 합당한 해결을 이끌어내는 능력, 현실의 모든 변화에 대한 고도의 감수성을 가지고 판에 박혀 무감각해진 기술이나 처리방식 등을 교정하고 변화된 조건에 적응하는 능력이라 정의할 수 있다.

그런데 창의성은 예술영역에 가장 근본적이며 본질적으로 작용하는 것이다. 원래 창의성은 무에서 유를 창조하는 신의 경지를 말하는 것이었으나 점차 새로운 것을 만드는 것이라는 개념으로 변하였다. 17세기

쯤 창조성은 예술가의 전적인 속성이라는 생각이 퍼지게 되었는데 라므네의 “예술은 신의 창조적 권능 안에 있는 인간을 위한 것이다”라는 주장이 대표적이다. 이후 20세기에 이르러 창조성이 모든 분야의 인간적 제작에도 가능하다는 견해가 대두되었는데 진기함이란 예술작품뿐 아니라 학문 및 기술작업에서도 일어나기 때문이다.

창의성의 특징은 첫째, 색다름이다. 둘째, 색다름은 점진적 변화를 필요로 한다. 셋째, 매우 다양한 종류의 색다름이 있다. 새로운 형체, 새로운 모델, 새로운 방법의 제작 등이 그것이다. 예를 들면, 어떤 차에는 새 몸체, 새 차체, 새 모터 등이 있을 수 있는데, 최초의 자동차 역시 질적으로 색다른 것으로 볼 수 있다. 예술에서 어떤 한 양식의 새 작품을 새로운 양식과 구별 짓는다. 모든 도리아식 사원은 디테일은 조금씩 다르지만 모두 같은 배열의 개념을 지닌다. 색다름은 보통 이전에는 없는 어떤 성질이 있는 것을 의미한다. 물론 어떤 때는 양적 증가나 낯선 조합을 의미하는 경우도 있었다. 나아가 색다름이 새로운 조합에 불과하다는 의견도 있다. 넷째, 창조적 사람들에 의해 이룩된 색다름은 기원이 다양하며, 그들의 다양한 태도, 서로 다른 정신력, 능력, 재주 등의 표현이라 할 수 있다.

창의성은 특히 예술영역에서 전면적이고 중요한데, 그 이유는 예술 이외의 다른 영역들은 다른 임무를 수행하며, 학문에는 창조성보다는 세계에 대한 지식, 기술이 더 많이 소용되기 때문이다. 한편 예술은 스스로의 존재이유를 성립시키기 위해 학문, 기술 등을 불충분하게 수행한다. 창의성은 예술에서 전면적이고 특별하다. 학자나 과학자는 어떤 현상을 올바로 분석했을 때 자신의 직무를 잘 이행한 것이 되나 기술자는 유용한 도구를 고안해냈을 때 이에 해당한다. 반면 예술가의 직무는 창의성 그 자체로서, 창의성은 과학과 기술에서는 장식물이지만 예술에서는 본질이다.

따라서 예술은 창의성을 길러주는 가장 중요한 매체이기 때문에 문화예술적 특성에서 드러나는 창의적 요소를 21세기 문화콘텐츠 산업에 투입할 때 한국은 경쟁력 있는 문화산업 선진국이 될 것이다.

(3) 게임을 통해 본 현 콘텐츠의 현황

최근 크로스 오버(*crossover*)나 퓨전(*fusion*)과 같은 이름으로 순수예술과 대중예술의 교섭이 이루어지고 있다. 문학에서는 베스트셀러들이 영화로 각색되기도 하고, 미술은 팝 아트 같은 대중문화의 요소들을 창작의 주요 소재로 사용하는 장르가 발달되기도 하였다. 음악은 일찍부터 이런 시도들이 많이 이루어졌다. 실재로 대중문화는 순수예술을 창작의 기반으로 하는 경우가 많다. 게임은 이런 점에서 두 예술의 총체적 만남의 장이라 할 수 있다. 게임의 스토리, 미술, 음악 등 게임구성의 모든 분야 제작에서 순수문학, 미술, 음악과의 교류와 참여가 이루어지고 있다.

요즈음 온라인 게임에서는 오케스트라 등 장대한 스케일과 짜임새 있는 규모를 보여주는 음악이 큰 반향을 일으키고 있다. 최근 인기를 끌고 있는 온라인 게임인 R2의 경우 컴퓨터 미디음악으로만 작업되던 기존의 게임음악 제작방식에서 탈피하여 77인조로 구성된 일본 가나가와 필하모닉 오케스트라와 함께 게임음악의 녹음을 시도하였다. 실제

오케스트라의 연주로 녹음된 게임음악은 대중적 멜로디 라인 위에 순수예술의 음색을 접목하고 있다.

그러나 인문학적 지식이나 콘텐츠의 부족으로 게임의 미학적 구조를 망쳐버리는 경우도 발견된다. 2006년 게임대상을 수상한 〈그라나도 에스파다〉의 경우 새로운 MMORPG 게임의 제작 실례를 보여주었다는 찬사를 받았으나 17세기 유럽의 의상이나 풍속에 대한 고증이 철저하지 않아 많은 문제를 낳고 있다.

(4) 한류 드라마와 영화를 통해본 현 콘텐츠의 한계

이른바 '한류'(韓流) 현상을 세계화의 초국가적 현상으로 해석할 수도 있고, 문화상품 수출의 절호의 기회로 생각할 수도 있으며, 국력신장으로 파악할 수도 있다. 그러나 가장 근본적인 것은 외국인들이 한국의 문화예술에 감동했다는 사실이다. 우리는 어린 시절 세계문학전집을 읽으면서 작품 속에 녹아있는 심오한 사상에 감탄하기도 하고, 등장인물들이 겪는 사연에 같이 웃고 같이 울기도 하였다. 그 과정에서 자연스럽게 그 나라에 대한 이미지가 형성된 것이다. 그리고 이 좋은 감정은 그 나라의 다른 문화상품뿐 아니라 전자제품 같은 상품을 구입하는데 큰 영향을 미친다.

한국은 문학의 경우 언어장벽에 의해 수출이 힘들었으나 이미지에 호소하는 부분이 많은 영상물에서 외국인들의 감동을 끌어낼 수 있게 된 것이다. 그리고 이렇게 만들어진 한국에 대한 좋은 이미지 때문에 사람들은 한국어 배우기를 원하고, 한국상품을 사고 싶어하게 되었다.

그리고 이들이 배우는 한국어와 한국문화는 다시 한국의 문화를 더 정확히 더 많이 소비하게 하는 자양분이 된다. 따라서 이 순환의 고리를 유지하기 위해 한국의 '한류'는 기초부터 생각하며 차근차근 밟아 나가야 한다.

중요한 것은 소비자의 구매성향이 아니라 좋은 작품이다. 좋은 작품은 시대를 초월하고 지역을 초월한다. 우리가 어렸을 때 셍케비치의 〈쿼바디스〉를 읽고 감동한 것은 작가의 모국상황이 압제받은 기억이 있는 우리나라의 상황과 비슷해서가 아니라 작품 자체가 주는 감동 때문이다. 어떤 나라에는 멜로물의 드라마가 잘 먹히고, 어떤 나라는 가족영화가 잘 먹힌다는 분석은 부차적인 것이다. 실제로 좋은 드라마는 동아시아, 중동뿐 아니라 유럽인들에게까지 인기가 있다.

중요한 것은 배우가 아니라 이야기이다. 우리가 〈전쟁과 평화〉의 여주인공 나타샤에 열광하는 것은 이야기 속에 나타나는 주인공의 청순한 이미지 때문이지 나타샤라는 구체적 인물에 있는 것은 아니다. 마찬가지로 〈겨울연가〉의 배용준에 반하는 것은 구체적인 배우가 아니라 드라마 속의 상황에 놓인 캐릭터에 대한 이미지인 것이다. '욘사마' 열풍은 드라마에 대한 열광이 사라질 때 빛을 잃는다.

외국인들을 감동시킬 만한 좋은 영상 스토리텔링의 개발이 시급하다. 그리고 그 개발방식은 작품중심으로 생각하는 것이다. 좋은 작가를 길러내고, 좋은 제작방식을 만들며, 작품에 권위를 부여하고, 좋은 방향을 제시할 좋은 연구자들을 길러내는 것이다.[22]

22 최혜실, 《한류드라마의 스토리텔링》, 새문사, 2007, 8~9쪽.

(5) 영화의 미학적 혁신을 위한 문화예술 및 인문학의 기여

영화에 문화예술과 인문학이 기여하는 바는 상당하다. 영화가 사람들에게 감동을 주고 흥행에 성공하기 위해서는 상상력을 극대화하는 전략과 병행해서 이야기의 소재와 주제를 과거의 역사와 오늘의 현실에서 이끌어낼 수 있어야 한다. 다양하고 흥미로운 소재와 주제들은 인문학 및 사회과학의 영역에서 발생한다. 심리학, 민속학, 여성학 등은 개인의 정신적 육체적 삶과 생활의 다양한 스펙트럼을 보여줄 수 있다. 또 정치학과 사회학은 다양한 사건과 이야기들의 자원을 제공해주며 문학이론(서사이론과 기호학)과 연극의 드라마트루기(*dramatrugie*)는 내용의 형식화를 위한 분석도구를 제공한다. 그리고 철학과 정치학은 주제와 이데올로기 등을 분석할 수 있는 성찰적 관찰을 제공한다.

형식측면에서는 음악, 미술, 연극, 건축, 무용, 공예, 패션, 디자인 등의 예술장르와 응용예술이 표현의 재료와 형식을 발전시키는 데 풍부한 자원과 방법을 제공할 수 있다. 인문지리학, 경관생태학, 도시경관연구 등은 한반도의 자연공간과 도시지형의 다양한 모습을 영상제작과 연결시킬 수 있다.

한편 시나리오 컨설팅으로 영화의 완성도를 높이는 방식도 있다. 첫째, 내용의 재료면에서, 인물분석을 할 때, 각 캐릭터를 욕망과 행동, 기능에 따라 분석배치하여 캐릭터의 관계망과 구조를 알 수 있다. 또 사건을 그 위계와 캐릭터에 따라 중핵사건과 위성사건으로 나누어 영화의 전체 흐름 안에서 조율할 수 있다. 사회구조, 미디어 풍경이 시나리오에 적절하게 표현되어 있는지를 분석하는 방법도 있다.

〈표 5-4〉 시나리오의 층위에 따른 문제점 및 대안 제시

시나리오 층위	문제점 및 대안제시 사항
내용의 재료/실체	주제, 기획의도, 이데올로기, 문화적 생산/소비의 장단점, 마케팅 포인트, 역사적 위치/ 의미 분석
내용의 형식	캐릭터, 사건, 시공간, 스토리 구성, 해결 신(*scene*)의 적합성 여부와 대안, 시점의 적합성, 전체 리듬과 톤의 문제 및 대안

출처: 문화산업 분야에서의 인문학 활용현황과 활성화 방안(경제 · 인문사회연구소, 2005).

둘째, 내용의 형식면에서는, 플롯분석을 통해 씬(*scene*)들의 기능과 배치, 리듬이 적절한지 분석할 수 있다. 메인플롯, 서브플롯이 제대로 기능하고 있는지 갈등의 개연성이나 행동의 동기화가 잘 표현되었는지 서사진행의 문제점을 파악할 수 있을 것이다. 셋째, 내용의 실체면에서 작품의 주제나 문화적 코드, 이데올로기 등을 시나리오의 성격에 따라 분석하면 시나리오가 이를 잘 형상화하고 있는지 파악할 수 있고, 부족하다면 대안을 제시하고 추가 조사하여 서사를 풍부하게 할 수 있다.[23]

(6) 사회적 맥락에서 발현되는 창의성

문화콘텐츠, 문화산업은 개인 혼자의 창작물이 아니라 여러 구조와 체계의 종합적 결과물이다. 따라서 단순한 개인의 아이디어 차원의 창의성이 적용되기에는 다소 무리가 있다. 따라서 현장성, 문화적 조직, 사회적 기반 등을 고려한 새로운 창의성 모델이 개발될 필요가 있다고 본다. 칙센트미하이는 원래 개인과 영역, 현장의 상호작용성을 중시하는

23 최혜실(연구책임자), "방송통신 융합시대의 문화콘텐츠의 중요성", 문화관광부, 2006, 80~82쪽.

〈그림 5-5〉 창의성의 체계모델

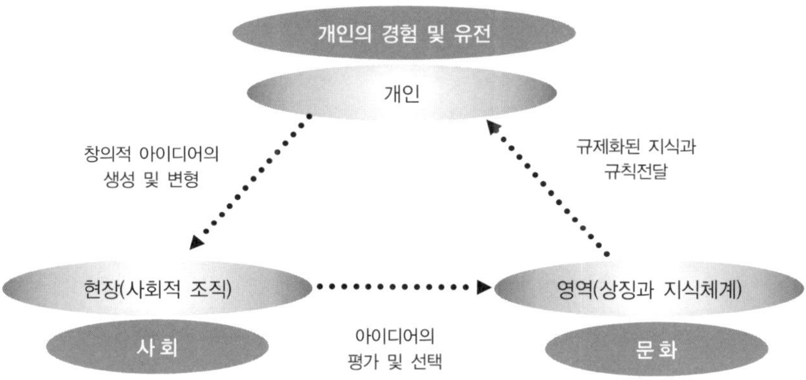

출처: 칙센트미하이, 《창의성의 즐거움》, 2003.

창의성 체계 모델을 제시하였다.

〈그림 5-5〉에서 창의성의 발휘를 창조적 개인의 역량에서 찾지 않았다는 데에 그 특징이 있다. 창의성을 발휘하고자 하는 사람은 영역의 규칙과 내용뿐 아니라 현장이 선택하고 선호하는 기준에 대해 알아야 하는데, 이는 사회적 맥락을 떠나서는 창의성이 유효하게 발휘되지 않기 때문이다. 따라서 수준 높은 문화콘텐츠 생산을 위해서는 개인적 역량과 함께 한 사회의 문화적 기반과 사회적 조직이 뒷받침되어야 한다.

이 체계 모델은 영역, 개인, 현장 간의 유기적 관계가 최적화될 때 창의성이 발현됨을 설명해주는 것이다. 각 구성요소들은 서로 상호작용할 수 있으며 창의적 콘텐츠 개발과정에서 미디어는 이들 구성요소 사이의 상호작용을 매개하고 촉진시키는 구체적 표현수단이자 경로역할을 맡고 있다.

〈그림 5-6〉 문화콘텐츠 3각 체계도

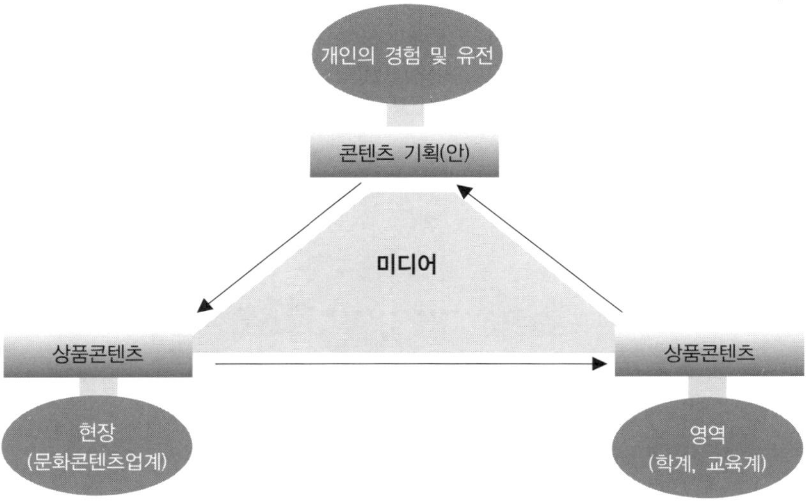

출처: 인문학적 문화콘텐츠와 창의성 (장노현, 2006).

〈표 5-5〉 문화콘텐츠 3각체계도 의미분석

체 계	의미 및 역할
영 역	콘텐츠 창안자의 창의력과 상상력을 자극하는 문화적 배경이자 원천자료의 역할, 아이디어를 구체화하는 데 필요한 자료 공급, 상품콘텐츠를 제작 · 개발하는 '현장'의 실제 작업에도 관여함
현 장	디지털 기술 인력의 양성에 초점이 맞추어져 있음
개 인	'영역' 속에서 창의적으로 사유하며 새로운 구상과 기획을 만들어 냄. '현장'과의 직접적 교류나 교감 속에서 창의적 아이디어를 생산함

이처럼 인문학적 문화콘텐츠는 창안단계에서 상상력과 기획 아이디어를 자극하거나 뒷받침할 뿐 아니라 제작 및 생산단계에서도 직접적 활용가치를 지니고 있다. 〈그림 5-6〉의 삼각 체계도에서 인문콘텐츠는 학술적, 교육적 차원의 공공 아카이브의 역할을 한다. 따라서 당장의 산업적 효과가 기대되지 않더라도 아카이브가 지니는 공공적 성격에 주목하여 계속 지원할 필요가 있다.[24]

2) 문화원형의 가치와 문화예술 및 인문학의 활용

(1) 문화원형의 배경과 개념

문화원형은 1999년 제정된 '문화산업진흥 기본법'에 처음으로 등장한 용어이다. 문화는 시간의 흐름에 따라, 장소와 배경에 따라 끊임없이 변화하는 생물체와 같은 존재이므로 문화원형을 완벽하게 찾기는 어려울 수 있다. 그러나 문화원형을 찾는 작업을 언어학에서 언어의 다양한 파생어들의 어원을 찾는 방식과 견주어 보면 불가능한 일은 아니라는 생각이 들 것이다.

문화원형은 대체로 다음과 같은 개념으로 설명할 수 있다. 첫째, 역사적 과정을 거쳐 변형된 모습으로 나타나기 이전의 본래 모습, 둘째, 여러 가지 다양한 모습으로 나타난 문화현상들의 공통분모로서의 전형성, 셋째, 지역 또는 민족범주의 특징을 잘 드러내는 정체성, 넷째, 다른 민족

24 장노현, "인문학적 문화콘텐츠와 창의성", 〈한민족문화연구〉 18권, 2006, 15쪽.

이나 지역의 문화와 구별되는 고유성, 다섯째, 위의 요소들을 잘 간직한 전통문화이다.

즉 문화원형은 전통문화 중에서 그 민족, 또는 그 지역의 특징을 잘 담고 있어서 다른 지역, 다른 민족과 구별되며 여러 가지로 갈라진 현재형의 본래 모습에 해당하는 것이라고 정의될 수 있다. 최근에는 민족 범주의 정체성과 고유성을 따지는 '우리문화 원형'과 세계적 보편성에 근거한 '글로벌 문화원형'으로 나누기도 한다.

우리 문화원형, 또는 민족문화원형은 국가와 지역에 따라 달라지는 문화원형의 모습에 초점을 맞춘다. 문화는 같은 뿌리를 지닌 것이라도 국가나 민족에 따라 다른 모습으로 드러난다. 예를 들어 인도에서 발생한 불교가 한국, 중국, 일본에서 다른 모습으로 전개되었기 때문에 중국 불교, 한국불교, 일본불교로 구분된다. 문화는 지역에 따라서도 다른 전개양상을 보인다. 같은 선비들의 생활도 15~16세기와 17~18세기의 향촌사회와 모습이 다르다. 물론 문화원형은 반드시 오래된 것을 뜻하는 것은 아니며, 서구세력과의 갈등을 보인 근대에서도 얼마든지 문화원형을 찾을 수 있고, 남대문 시장의 물건 파는 상인의 퍼포먼스에서도 한국 특유의 문화적 원형을 찾아낼 수 있다.

우리 문화원형은 다른 민족과의 차별을 통한 주체성과 민족 구성원 사이의 공감대에 바탕을 둔 정체성을 지니고 있으며, 다양하게 분화된 문화들의 '보편틀'로서의 전형성과 함께 창의력과 상상력이 담겨 있는 보고(寶庫)이다. 인문학에서는 기본적으로 이러한 문화원형에 대한 다양한 연구 성과가 축적되어 있다. 국문학, 민속학, 문화인류학, 역사학, 철학, 미술사 분야의 연구성과가 그러하다.

그러나 넓게 보면 문화에는 세계적 보편성을 지닌 요소들이 발견된다. 문화의 보편성에 대한 논의는 칼 융(Carl Gustav Jung), 앙리 콜벵(Henry Corbin), 머치아 엘리아데(Mircea Eliade,), 제임스 힐만(James Hillman)에 의해 이루어졌다.

융은 동서양 공통으로 인간의 심층속에 날 때부터 부여된 집단무의식(*collective unconscious*)이 있다고 보았고, 콜벵은 경험적이고 감각적인 세계나 이성적이고 합리적인 세계와 대등하게 인간의 삶을 지탱해 주는 실재(*reality*) 세계로서 '이미지 세계'(*Mundus Imaginalis*)가 있다고 하였다. 엘리아데는 개인이든 집단이든 삶의 규범을 제시하는 준거로 작용하는 초월의식(*super-consciousness* 또는 *transconscious*)이 있다고 보았고, 힐만은 이를 토대로 원형이나 영혼의 심층적 이미지들이 표출된 다양한 문화현상을 분석하였다.

글로벌 문화원형은 발생지역의 차이에도 불구하고 이야기의 구성, 주제 및 소재 등에서 공통적 특징을 드러내고 있는데, 그 예로 콩쥐팥쥐와 신데렐라 이야기, 꼭두각시놀이와 동남아시아의 인형극, 춘향전과 로미오와 줄리엣, 옹고집과 스크루지 영감 이야기 등을 들 수 있다.

문화산업에서 세계적 성공을 거둔 월트디즈니사의 애니메이션 〈인어공주〉, 〈피터팬〉, 〈뮬란〉, 〈피노키오〉나 중국의 할리우드 진출영화 〈와호장룡〉, 〈황비홍〉, 〈소오강호〉, 그리고 한국의 논버벌(*Non-verbal*) 퍼포먼스 〈난타〉 등은 글로벌문화원형을 이용한 문화상품이 어떠한 보편성을 가지고 있는지를 잘 보여준다.

이처럼 우리 문화원형 가운데 인류 전체의 공감대를 확보할 수 있는 소재를 세계적 수준으로 끌어올리는 작업과 함께 다른 민족이나 다른 국가의 문화소재를 가져다가 세계적 수준의 문화상품으로 만드는 일이 함께 고려될 수 있다.

최근 문화콘텐츠 사업에서 문화원형이란 말이 자주 사용된다. 이는 전통과 현대를 연결하여 바람직한 미래의 문화발전을 모색하는 것과 더불어 문화원형을 활용한 문화콘텐츠 활성화로 고도의 부가가치를 창출할 수 있다는 산업적 배경에서 나온 것이다.[25]

(2) 문화원형 창작 소재의 디지털 콘텐츠화 사업

우리 문화원형의 디지털 콘텐츠화 사업은 우리 전통문화에 숨어 있는 이야깃거리나 우리 고유의 색채, 우리 고유의 소리 등을 디지털화하는 것에서 출발하였다. 이는 문화콘텐츠 산업의 기획, 시나리오 디자인, 상품화의 단계에서 독창적인 창작 소재를 제공하는 수준까지 활용될 수 있을 것이다.

이는 세계문화 산업 시장에서 경쟁력을 강화하는 것을 목적으로 하는 국가적 차원의 창작기반 구축사업으로서 문화산업 전반에 걸쳐 유용하게 사용되고 있다.

창작소재란 개발자가 작품을 제작할 때 사용되는 일체의 재료를 의미하는데, 이것은 재창작되지 않은 상태 즉 자연적, 외적으로 주어진 소여(所與)상태 그대로의 재료를 의미한다. 창작소재는 세상에 존재하는 모든 것, 경험한 모든 것일 뿐만 아니라 경험하지 못했거나 경험할

25 최혜실, "문화원형 디지털콘텐츠의 산업적 활용전망", 《우리 문화원형 디지털콘텐츠 아카이브의 활성화 방안》, 인문콘텐츠학회, 한국문화콘텐츠진흥원 주관 자료집, 2004.

〈그림 5-7〉 문화원형 창작소재 통합지식정보 시스템 구축방향

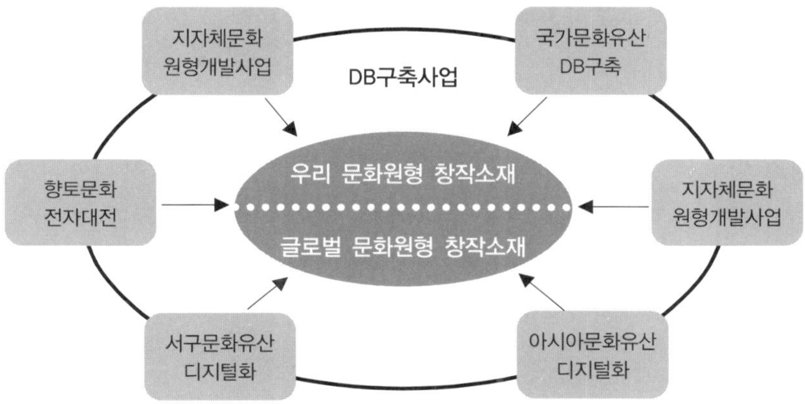

수도 없는 상상과 욕망의 대상까지 포함된다.

문화콘텐츠의 경우에는 소재를 재구성하는 데 동원되는 제작자의 상상력, 창의성 및 개발기술, 전달도구 등은 창작소재에 포함되지 않는다 할 수 있으며 따라서 문화원형 창작소재란 문화콘텐츠를 개발하기 위해 사용되는 일체의 자원을 총칭하는 것으로 문화콘텐츠 산업의 상상력과 창의력의 원천이 되는 소재를 일컫는다.

문화콘텐츠의 창작소재 역시 위의 개념에서 크게 벗어나지는 않지만 소재의 성격이나 범주가 다소 차이가 있을 수 있다. 예를 들어 '임진왜란'은 전통예술과 문화콘텐츠에 모두 통용될 수 있는 소재이지만, 이를 소재로 한 소설 《불멸의 이순신》은 이 자체로 문화콘텐츠 소재가 될 수 있다.

(3) 문화원형의 토대 위에서 형성되는 창의성

오늘날 대부분의 문화콘텐츠 결과물은 사실에 바탕을 둔 학술적 DB에서 출발하여 가공되는바, 문화콘텐츠 제작을 위해 구축된 학술적 DB를 활용할 수 있다면 제작단계의 수고를 훨씬 덜 수 있을뿐더러 콘텐츠 자체의 질적 수준을 높일 수 있을 것이다. 외국의 유명 영화, 애니메이션, 게임회사들은 작품구성에 필요한 시대적, 공간적 배경, 캐릭터를 비롯해 다양한 구성요소에 해당하는 원천자료들의 라이브러리를 구축해 놓고 있다.

드라마, 개그, 쇼 등 각종 프로그램에서 패러디 붐까지 일으킨 '왕의 남자'는 연산군일기 60권 22장에 기록된 단 두 줄이 시초이다. "배우 공길이 논어를 외워 말하기를 '임금이 임금답지 않고 신하가 신하답지 않으니 비록 곡식이 있은들 먹을 수가 있으랴' 공길이 논어를 외운 것이 불경하다 하여 곤장을 쳐 먼 곳으로 유배하였다" 는 이 짧은 기록에 예술로서 작가는 신명나고 독특한 상상력을 불어 넣었다.

이 두 줄의 사료는 김태웅 연출의 연극 〈이〉(爾)로, 영화 〈왕의 남자〉로, 줄타기 게임으로, 뮤지컬 〈이〉, 영상소설 〈왕의 남자〉 등으로 OSMU 되었다. 또한 2006년 아시안 게임, 싱크로나이즈 부문에서는 왕의 남자 OST를 배경음악 삼고, 탈로 머리장식을 한 선수들이 나와 한국의 정체성을 드러내며 문화적 힘을 과시한 바 있다. 〈왕의 남자〉는 앞으로 애니메이션과 만화로도 나올 예정이라고 한다.

〈그림 5-8〉 OSMU에 성공한 '왕의 남자'

영화

뮤지컬

영상소설

연극(爾)

(4) 문화원형 사업의 성과와 문화예술 및 인문학의 역할

문화콘텐츠닷컴에서 활용된 문화원형 콘텐츠는 영화와 방송제작뿐만 아니라 게임 · 출판 · 디자인 · 교육 등에서 널리 활용되고 있으며 건축, 화장품, 이벤트 등 다양한 문화산업 분야의 부가가치로 연결되고 있다. 이에 따라서 문화원형 사업은 고용창출 효과, 지방 문화산업의 균형적 발전 등을 도모할 수 있는 모범적 사례로서 평가되고 있다.

문화원형 사업이 전개되면서 많은 인문학자들이 자문 및 평가, 자료 제공, 원고집필의 형태로 프로젝트에 참가하였다. '문화원형'이란 대부분이 인문학적 주제와 관련되기 때문에 직간접적으로 국문학, 역사학, 민속학, 미술사 계통의 연구자들이 대거 관여하면서 문화산업에 인문학과 문화예술의 자양분을 연결시키는 역할을 하게 되었다.

이에 따라 색다르면서도 전통과 연결되는 주제들이 한국 문화산업을 풍요롭게 하고는 있지만 아직 미흡한 점이 많다. 무엇보다 문화예술 및 인문학 분야의 전문인력은 첫째, 한국의 정체성과 고유성을 보이는 문화원형을 개발할 필요가 있음이 최근 대두되고 있다. 한류에 대한 외국의 반응으로 보나 영화제 같은 문화관련 국제행사에서 수상하는 것으로 보아 우리 민족의 특징과 정서를 잘 드러내는 문화현상들의 원형이 외국인들을 감동시키고 있음을 알 수 있다. 둘째, 산업적 효용가치를 높이기 위한 방법으로 다양한 결과물을 구현해 낼 수 있는 OSMU로서의 문화원형 개발이 필요하다. 왜냐하면 막대한 제작비용이 드는 문화산업이니만큼 기획단계부터 다른 장르로의 활용 가능성이 예측된다면 보다 효율적인 투자와 작품화 방법이 가능하기 때문이다. 셋째, 국제시장에 부응하기 위하여 국내 인프라의 육성 못지않게 세계적인 보편성을 이끌어내야 한다. 한류를 유지하고 확장하는 데 가장 중요한 존재는 좋은 영화, 드라마, 게임이고 그것을 만들어내는 일차적 존재는 작가와 감독이며 가장 근본이 되는 것은 시나리오이다. 좋은 시나리오에 대한 정밀한 분석이 앞으로 더 좋은 시나리오를 생산하는 데 도움이 될 수 있다. 이 방식이야말로 한류를 단순한 유행이 아니라 한국을 문화 수출국으로 만드는 첩경이 될 것이다.

예를 들어 한류 초기에 선풍적인 인기를 끌었던 〈가을동화〉, 〈겨울연가〉, 〈여름향기〉는 몇 가지 공통점을 지니고 있다. 이 드라마에 국경을 초월하여 많은 관객이 감동했던 것은 작품의 미적 구조가 보편성을 지녔기 때문이다. 그것이 세계의 고전인 그리스 로마 비극이나 셰익스피어의 작품 정도가 되지는 않을지라도 중요한 것은 그 작품에 녹아있는 보편성이다. 만약 〈가을동화〉나 〈겨울연가〉가 서구인들에게도 인기를 끈다면 동아시아 문화권이니 가족주의에 대한 향수니 하는 판단은 부질없는 것이 된다. 즉 가장 본질적인 것은 작품 자체에 대한 판단이다.

반면 훨씬 많은 자금을 투자하고 촬영에도 공을 들였던 〈봄의 왈츠〉는 그렇게까지 큰 반향을 일으키지 못하였다. 그 이유는 여러 가지가 있을 수 있다. 방영 당시 다른 방송국에서 더 재미있는 프로그램이 있었다거나 스포츠 등 다른 이슈가 있을 경우가 있다. 그러나 작품을 분석해보면 그 이유가 더 명료하게 나타난다. 위의 세 작품에 비해 원형적인 인간의 감수성을 그리기보다 디아스포라적 정체성 등 설익은 역사성이 여과 없이 끼어들어 불협화음을 일으키고 있음을 볼 수 있다.

한류 드라마를 서사구조를 중심으로 분석하는 논문들이 몇 편 나타나고 있다. 진부한 주제를 연금술적 언어로 풀어 내린 작품이라는 주장이나[26] '사랑'이 언어로 형상화되는 방식을 분석한 논문이[27] 눈에 뜨인다.

나아가 서사의 기본구도를 상동적 삼각구도의 반복과 겹침으로 보고 그것을 살아 움직이게 하는 주요 모티프를 살피면서 텍스트와 서브 텍스트와의 관련을 살핀 분석은 〈겨울연가〉의 성공을 서사구조 자체에서 찾았다는 점이 돋보인다.[28] 또 〈겨울연가〉의 서사구조를 구축하는 두 가지 핵심 서사 프로그램을 출생의 비밀과 기억 상실증에 관한 서사로 보는 견해도 작품 자체의 정치한 분석과 문화콘텐츠로서의 작품의 관계를 잘 연결시켰다고 볼 수 있다.[29]

그러나 이 분석은 특히 대중서사에 맞는 분석틀을 적용하는 등, 몇 가지 노력과 성과에도 불구하고 문학의 서사구조 분석을 이질적인 매체서사에 그대로 도입하였기 때문에 영상과 음악, 대사가 어우러져서 이야기를 이끌어가는 드라마의 특수성을 완전히 충족시켰다고 보기는 어렵다. 드라마만의 서사구조를 따로 개발하기 이전의 단계로서 기존의 문학서사 분석틀 중 멀티미디어 서사에 맞는 분석틀을 찾아내어 적용하는 노력이 필요하다고 본다.

영상이 그대로 비치는 영화나 드라마에서 구체적 장소나 집, 소품 등 물질이 시청자에게 미치는 영향력은 지대하다. 문학에서는 일단 언어

---

26 박지선, "겨울연가 그 연금술적인 언어", 김호석 편, 《겨울연가 (콘텐츠와 콘텍스트 사이)》, 다할미디어, 2005, 104~135쪽.

27 최웅환, "겨울연가, 텍스트와 사랑의 언어", 위의 책 206~231쪽.

28 박기수, "겨울연가, 문제는 서사", 위의 책, 139~170쪽.

29 백승국, "한류의 중심, 겨울연가와 문화콘텐츠", 위의 책, 171~204쪽.

로 여과된 장면이 공간적 배경으로 제시되나 영상물에서는 장면 자체가 언어의 투사 없이 시청자의 눈을 통하여 가슴으로 바로 들어와 버린다. 따라서 이런 매체환경에서는 자연에 녹아있는 상징을 다루는 바슐라르의 공간 및 물질적 상상력이 매우 효과적이다.

또 하나, 멜로드라마는 주제나 장면의 반복 등 상투성이 중요한 요소를 차지한다. 그런데 그것은 단순히 대중에 저급하게 다가서는 방식이라고 순수문학 연구자들에 의해 폄하되었다. 그러나 같은 모티프가 집요하게 사람들의 마음을 사로잡는 이유는 그것이 오랜 세월을 두고 축적되어온 인류 공동체의 무의식을 자극하기 때문인 경우도 많다. 즉 모티프의 반복이 표면적일 때는 많은 시청자들이 진부하고 상투적이라고 싫증을 내지만 그 이면구조가 이 무의식에 닿아 있을 때는 반복되는 주제임에도 불구하고 많은 사람들이 감동하는 것이다.

최근 민족주의적인 드라마가 출현하고 있다. 예를 들어 〈주몽〉이나 〈한반도〉 등의 작품은 자칫 인근 나라에 혐한류의 분위기를 끌어낼 수 있다. 〈대장금〉 같은 드라마는 모든 사람들이 공감할 수 있는 음식이나 약, 같은 일상을 다룬 역사 드라마로 세계인이 공감하는 보편성을 획득할 수 있다고 본다.

(5) 해외사례

▪ 프랑스

프랑스는 문화상품의 대부분에 미술을 비롯한 예술, 제 2차 세계대전 등 당대 역사적 사회적 상황, 작가들과의 대담을 위시한 문학 등 인문학적 요소들이 강하게 나타난다.30 특히 EU 공동체, 지역통합의 일환으로 프랑스와 독일이 공동으로 설립한 방송인 '아르테'(Artē)는 주제별 편성을 원칙으로 하는 비상업적 방송국으로 상업적 성격의 제품들과는 거리가 먼 대신, 작품성을 인정받은 작품들로 프랑스의 고급문화를 주도하고 있다.

아르테를 비롯한 프랑스의 국영TV와 프랑스 앵테르를 위시한 국영라디오 방송들은 우리보다 다양한 제품(작가, 지식인, 예술가의 육성대담을 담은 '라디오스코피' 시리즈 등)을 개발하고 있다. 우리가 일반적으로 경시하거나 소홀히 취급하는 영상 및 음향자료들(작가대담, 인터뷰, 육성녹음, 성우들의 녹음 등)을 중시하여, INA(국립시청각연구소)에 의무납본 등을 통해 문화콘텐츠가 프랑스 역사의 일부를 구성하는 주요한 요소라는 자각을 갖고 있다.

▪ 미국

미국은 이미 1970년대부터 인류학, 심리학, 언어학을 비롯한 인문학이 과학의 발전에 따라 자신의 정체성에 대해 수많은 논쟁을 벌이면서 격

30 철학자 질 들뢰즈의 대담 비디오, 루브르 박물관을 CD-Rom에 만든 것들이 대중들에게 큰 호응을 얻고 있다.

차를 좁혀나갔다. 최근에는 인문학자들이 구체적인 기술개발과 소프트웨어개발에도 참여하고 있다. 예를 들어, 인류학자 제네비브 벨은 아시아 7개국 100가정을 방문하여 인텔에서 지원받은 중국의 가정교육용 PC에 터치스크린을 장착하여 '만다린어'를 학습할 수 있도록 하였음은 물론 권위를 중시하는 중국 부모에게 안방에서도 아이 방의 컴퓨터 사용 여부를 알 수 있도록 시스템화하였다.

할리우드와 같은 경우 오래전부터 보다 효율적이고 생산적이며 안정적으로 이야기를 만들거나 점검할 수 있도록 각 스튜디오나 회사에 스토리 부서를 갖추어 '스토리에디터', '스토리크리에이터', '스토리프로듀서'의 직책을 주고 일 년이면 수만 건에 이르는 시나리오와 시놉시스를 만들고 검토하게 하였다. 여기에 문학적, 언어적, 인류학적 기본을 갖춘 시나리오 발굴을 위해 '스토리 저작 소프트웨어'를 개발하였다.[31]

삶의 질과 직결되는 여러 가지 소프트웨어들이 다양한 분야의 전문가, 특히 인문학과 예술분야의 전문가에 의해 개발되고 있다. MS의 '스피치 서버'(Speech Server)의 베타 버전인 '닷넷(.Net) 스피치 플랫폼', 사용자의 개인적 습성에 맞추어 불러주는 대로 이메일을 작성하는 'Yoda', 로체스터 대학교 컴퓨터공학과의 미츠노리 오기하라 교수의 '음악을 이해하는 소프트웨어', 소니에서 개발중인 '원곡을 작곡할 수 있는 프로그램' 등이 그 대표적 예이다.

31 조셉 캠벨은 영웅의 분류와 단계, 아리스토텔레스의 전통적인 3막 구조와 비극, 희극의 구조, 그 밖에 유명한 서사학의 성과들과 기호학의 아이디어들을 구조화하여 마치 게임처럼 이야기를 구성한 후 체크할 수 있는 시스템을 만들었다.

3. 놀이성의 공간화와 문화콘텐츠의 관광자원화

1) 사회 · 문화 · 경제 트렌드의 변화

소득이 증대되고 주 5일제가 확산되면서 사람들은 시간적, 정신적 여유를 갖게 되었다. 우리 사회가 여가 지향적 구조로 변화하면서 Dewks족, DINK족, TONK족 등이 출현하였다. Dewks족은 아이가 있지만 여가를 즐길 줄 아는 신세대 맞벌이 부부를 칭하는 단어이다. DINK족은 'Double Income, No Kids'의 약어로 정상적인 부부생활을 영위하면서도 의도적으로 자녀를 두지 않고 맞벌이를 하며, 돈과 출세를 인생의 목표로 삼는 계층을 일컫는다. 또 TONK족은 자녀에게 부양받기를 거부하고 부부끼리 독립적으로 생활하는 노인세대를 말한다.

디지털 문화의 일상화는 현대사회에 많은 영향을 미친다. 디지털 미디어 문화의 일상화로 www문화에서 hhh문화로 진화가 이루어진다. 인쇄문화(독자)에서 TV 문화(시청자)로, 인터넷문화(네티즌)에서 모바일 문화(모티즌)로, 다시 유비쿼터스 문화(유비티즌)로 변모해가면서 디지털 매체는 생활의 필수요소로 자리잡아가고 있다.

다매체(통신, 방송, 컴퓨터, 정보가전), 다채널(수천 개), 다기능(PDA, PMP, 모바일폰, Post-PC 등 복합 단말기), 고기능(양방향, 이동형, 맞춤형, 지능형, 상황인지형, 창조형 서비스)의 매체환경이 가속화하면서 문화의 외연이 달라지고 있다. 미니홈피와 블로그, 디카, 캠카 등 참여 미디어를 통한 엔터테인먼트의 추구는 개인과 공동체의 문화를 새롭게 형성하고 있다.

디지털 시대의 현대인들은 디지털 미디어를 일상 속에서 경험하면서 자연스럽게 감성과 체험을 중시하는 경향을 지니게 된다. 필자가 가상놀이 인간(*Homo Virtuens Ludens*)이라 명한 바 있듯이 디지털 매체를 매개로 의사소통하던 사람들은 차츰 생활 속에서의 놀이성에 관심을 가지게 되었다.

이런 문화적 트렌드는 고부가 가치의 경험경제의 대두와 맞물리게 된다. 즉 경제적 가치 패러다임이 농업경제에서 산업경제, 서비스경제에서 다시 경험경제로 전환되는 추세이다. 문화상품은 개인에게 감성적 체험을 하게 해주는 경험재로서 지적 재산권이 수익 원천이 되는 소

〈표 5-6〉 연간 도시근로자가구의 가계수지 동향 (증감률)

		2002년	2003년	2004년
소득	전체	6.4%	5.3%	5.9%
	근로소득	7.7%	9.0%	5.2%
가계지출	외식	5.9%	15.1%	10.5%
	교양오락	3.0%	9.1%	4.9%
	교통통신	3.6%	9.3%	6.3%

출처: 2004년 연간 및 4/4분기 가계수지동향(통계청, 2005.2)

〈표 5-7〉 국내 디지털 미디어 가입자 현황(2004년)

	이동전화	인터넷	초고속인터넷	CATV
가입자 수(천 명)	36,586	31,580	11,921	12,346
인구 100인당	76.1	65.7	24.8	72.7

출처: 2005년 국가정보화백서(전산원, 2005).

〈표 5-8〉 국내 문화콘텐츠의 해외진출 사례

TV 드라마	겨울연가, 대장금, 파리의 연인, 가을동화, 천국의 계단, 슬픈연가, 오! 필승 봉순영, 순풍산부인과, 이브의 모든 것 등
음악	보아, H.O.T(강타), 클론, 베이비복스, 비, 세븐, 장나라, 신화, NRG, 안재욱, 〈WIDE 연예뉴스〉(M.net) 등
영화	쉬리, 태극기 휘날리며, 공동경비구역 JSA, 엽기적인 그녀, 내 여자친구를 소개합니다, 누구나 비밀은 있다, 스캔들, 실미도 등
게임	리니지, 바람의 나라, 천상비, 라그나로크, 뮤, 한게임, 어둠의 전설, 포트리스 2 블루, 가디우스, 잠들지 않는 대륙 크로노스, 라그하임, 네이비필드 등
캐릭터 애니메이션	마시마로, 둘리, 뿌까, 뽀롱뽀롱 뽀로로 등

출처: 컨버전스 시대 문화콘텐츠 진흥 정책 방향(한국문화콘텐츠진흥원).

프트 파워를 소유하게 되었다. 롤프 옌센이 "소비자는 상품에 담겨 있는 스타일, 이야기, 경험, 감성을 산다"라고 주장한 것이 이 경험경제의 대표적 예이다.

국내 문화콘텐츠 중에서 해외에 진출한 사례를 보면 이 소프트 혁명이 지니는 위력을 실감할 수 있을 것이다.

2) 놀이성의 공간화

앞에서 논의한 것처럼 근대의 합리적 인간은 가상놀이인간(*Homo Virtuens Ludens*)으로 진화하고 있는 중이다. 디지털 문명 속의 사람들은 이야기가 들어 있는 집을 구입하고 이야기가 있는 옷을 입고, 이야기를 통해 게임을 즐기고, 그 속에서 만족을 느끼고 있다. 이 과정에서 컴퓨

〈그림 5-9〉 촛불집회

효순, 미선을 추모하는 촛불집회　　　　탄핵반대 촛불집회

터를 매개로 한 의사소통에 익숙한 사람들은 현실에서도 그 방식으로 관계하고 싶어 한다. 이들을 디지털 세대라고 할 수 있는데 디지털 세대는 감성적이고 직관적이며 이성보다 감성에 치중한다. 설명이 아니라 이야기를 추구한다.

사회가 점점 디지털화 유비쿼터스화되면서 사람들은 자리에 앉아 물건을 구입하고 언제, 어디서나 네트워크에 접속하여 놀이를 즐기고 생활을 영위하고자 한다. 디지털 세대는 가상공간뿐 아니라 우리가 살고 있는 이 시대, 즉 현실공간을 놀이성으로 점령하기 시작했고, 놀이형 인간(호모 비르투엔스 루덴스)의 탄생을 예고하고 있다. CMC 환경에 익숙한 디지털 세대들은 가상공간의 문화를 현실공간 속에 끄집어내면서 두 공간을 중첩한 새로운 문화를 창조하고 있다. 가장 초기의 현상으로는 인터넷 동호회 모임을 들 수 있다. 학력, 성별, 나이 등이 익명성 속에 감춰진 채, 아바타와 ID로 소통하는 사람들이지만, 그들의 모임은 오프라인으로 이어지기도 한다. 그들의 댓글문화는 미군 장갑차에 의

〈그림 5-10〉 플래시 몹

광주에서 다음카페 동호회가 행한 플래시 몹

뉴욕에서의 플래시 몹

해 사망한 소녀들을 추모하는 촛불집회를 이끌어내기도 했다. 그 이후 촛불집회는 사회적으로 중요한 사안이 있을 때 다양한 공간에서 행해지고 있다.

가상공간과 현실공간의 중첩의 증거로 플래시 몹(*flash mob*)을 들 수 있다. 플래시 몹은 2003년부터 보편화된 것으로 알려져 있는데, 2003년 6월 인터넷으로 지령을 공유한 사람들이 미국 뉴욕 맨해튼의 호텔 로비에 모인 후에 박수를 치고는 15초가 지나자 뿔뿔이 흩어져 순식간에 사라진 경우를 그 최초의 예로 들고 있다.

각종 테마파크(*Theme Park*) 역시 스토리텔링을 가상체험하는 공간으로 존재한다. 1980년대 후반부터 들어서기 시작한 테마파크는 현재 다양한 주제로 건설되고 있으며, 각각 고유한 스토리텔링을 토대로 관광객을 유치하고 있다. 그곳은 비일상적인 유희를 경험하는 공간이며 허구적 판타지가 현실 속에서 재현되는 공간으로서, 현재 테마파크는 지역 산업적, 장치 산업적 특성을 띠며 다양하게 발전하고 있다.

〈그림 5-11〉 제주도에 위치한 '소인국 테마파크'

각국의 상징물들이 축소되어 전시되어 있다

〈그림 5-12〉 양평 '소나기 마을'

황순원의 문학작품을 기반으로 만들어졌다.

3) 문화콘텐츠의 관광자원화

이제 감성체험의 공간화는 문화콘텐츠의 관광자원으로의 가능성을 더욱 높이고 있다. 최근 이런 방안에 대한 논의가 활발하게 일고 있는데, 예를 들어 2006년 3월 30일부터 31일까지 대구전시컨벤션센터(EXCO)에서 개최된 '2006 한국관광총회'의 'IT의 한국관광 적용' 세미나에서는 관광산업이 문화콘텐츠로 승부를 걸어야 한다는 내용으로 많은 의견이

〈그림 5-13〉

〈공동경비구역 JSA〉 세트장(남양주종합촬영소)

드라마 〈겨울연가〉 촬영지 남이섬

드라마 〈천국의 계단〉 세트장 (무의도 소재)

발표되었다. 대구디지털산업진흥원 박광진 원장은 '문화콘텐츠 산업과 관광'이라는 제목의 발표를 통해 "자연자원 등이 인근 국가에 비해 상대적으로 약세"라면서 "문화콘텐츠와의 연계를 통해 관광객들의 만족도를 높여나가야 한다"고 설명했다.

삼성경제연구소에 따르면 〈겨울연가〉의 촬영지인 남이섬과 춘천 등으로 외국관광객들이 몰리는 등 한국인, 한국상품, 한국문화 등에 대한 관심이 높아지면서 궁극적으로 국가 이미지가 크게 상승했다고 주장하며 그 상승효과를 총체적으로 따져봤을 때 경제적 이익규모가 약 2조원에 달할 것으로 전망했다. 그러나 드라마, 영화의 세트장이나 촬영지를 '반짝 특수' 정도의 활용에 그치지 말고 주변 관광자원을 지역축제와 연계하고 그에 따른 관광객들의 체험을 강조하는 방향으로 나아가야 한다.

이런 이유로 2006년 들어 한류를 활용한 관광상품의 개발과 관광분야를 활용한 한류 확산을 위해 문화산업과 관광분야 공동프로모션 T/F(*Task Force*)가 구성되었다. T/F는 문화관광부 관련국과 아시아문화산업재단, 한국콘텐츠진흥원과 한국관광공사, 한국일반여행업협회 한류 담당자로 구성되었다. 한류는 알려진 것처럼, 드라마, 영화, 음악 등을 통해 대중스타와 스토리텔링이 해외에서 매력을 끌면서 시작되었으나 지금은 대중문화 유행단계를 거쳐 관광산업으로 이어가려는 노력으로 바뀌고 있다. 문화콘텐츠의 관광자원화 사례로 한국문화를 세계에 알리는 동시에, 경제적 차원의 효과까지 기대할 수 있다.

4. 미디어의 확산과 글로벌 콘텐츠 정책

1) 미디어 확산을 통한 글로벌 콘텐츠 개발

최근 급속하게 나타나고 있는 미디어 확산의 동인으로 네트워크의 발전과 압축기술의 진보를 들 수 있다.[32] 기술의 발전에 따라 1970년대에 음성, 1980년대의 음악, 1990년대엔 영상으로 정보가 급속하게 전화되고 디지털화되었으며 이에 따라 멀티미디어의 발달로 디지털 정보의 통합이 손쉬워지고 있다.

소비자에게 나타나는 고객동인으로는 기술수용성의 증가를 들 수 있다. 과거에는 수용자가 수동적이었으며 기술발달의 속도가 더디었기에 수용자가 변화에의 적응력을 고심할 필요가 없었으나 지금은 능동적으로 정보를 추구하지 않으면 급속하게 발달되는 속도를 따라잡을 수 없다. 이제 소비자는 정보획득 능력과 더불어 멀티미디어 기기의 급속한 발전을 따라가면서 그것을 얼마나 잘 조작할 수 있느냐가 중요하게 되었다.

기업의 전략동인도 매우 중요하게 작용한다. 기존의 유무선 통신과 방송 서비스 시장의 성장세 둔화로 신규 수익원을 발굴하고 비즈니스 모델을 확장할 필요성이 대두되고 있다. 이에 따라 다른 산업영역으로의 과감한 진출이 현실화되고 있으며 산업경계가 허물어지고 산업영역 간 융합이 촉진되는 현상이 가속화되는 실정이다.

---

32 예를 들어, 영상의 디지털 전환시, 방대한 양의 데이터가 발생하는데 압축기술은 수십 또는 수백분의 1로 축소시킬 수 있다.

마지막으로 규제동인은 신규서비스에 대한 허가제 완화를 통해 사업자간의 경쟁을 촉진하고 기술진보에 따른 서비스 등장에 따라 사업자간의 역무구분을 완화하는 추세로 발전하고 있다. 이러한 정책적 변화는 방송통신 융합을 더욱 촉진시키고 미디어의 확산에도 긍정적 영향을 끼칠 것으로 예상된다.

이처럼 새로운 기술과 그 주변의 제도적 장치의 변화와 더불어 시공간의 압축 등 새로운 공간적 변화가 나타나고 있다. 자급자족이 이루어지던 농경사회에서 주민들은 정착생활을 했으며 그들의 생활반경은 영주의 봉토 중심으로 이루어졌다. 산업혁명 이후 증기기관의 발명과 새로운 교통수단의 등장하고 이에 따라 근대국가가 형성된다. 도보나 우마를 사용하던 사람들은 증기로 움직이는 열차와 선박으로 훨씬 넓은 행동반경을 확보하고 이로 인해 사유의 범위는 국가단위로 바뀌게 된다. 근대에 이르러 '민족'개념이 생겨나고 소설이나 신문은 '상상의 공동체'로서 민족적 연대감을 만들어 가는 데 큰 역할을 한다. 그런데 디지털 시대, 통신기술과 미디어 산업의 발달로 전 세계는 좁아지고 문화의 혼종현상이 나타난다.

특히 최근 유비쿼터스 컴퓨팅 기술로 인해 시공간의 압축이 아니라 시공간의 무화(無化)까지 나타나고 있다. 유비쿼터스 기술은 용도에 따라 공간을 구획하는 근대의 합리성에 강력한 도전을 하고 있다. 이제 공간은 단순한 물리적 공간에서 전자공간과 중첩되면서 증강현실(*augment reality*)로 바뀌었으며 도시공간은 놀이공간, 감성공간으로 바뀌고 있다. 최근 나타난 한류현상의 중요한 원인은 바로 이 미디어의 발달에 기인한 것이다.

2) 글로벌 콘텐츠 개발을 위한 문화콘텐츠의 활용

중국은 한국의 대중음악을 필두로 한국 대중문화 전반에 대한 관심을 보이고 있다. 중국에 비해 한류에 냉랭했던 일본조차 2002년 〈겨울연가〉의 방영 이래 폭발적인 한류열풍이 불었다. 2004년 일본경제신문은 올해의 히트상품으로 '한류'를 선정하였다. 홍콩 역시 1999년 〈8월의

〈그림 5-14〉

송승헌의 제대를 크게 다루는 일본 잡지와 홍콩 타임스퀘어에서 김태희를 전면에 내세워 마케팅을 하고 있는 LG전자

〈그림 5-15〉 런던리듬스틱스 2006에서 공연하는 김덕수 사물놀이패

크리스마스〉를 시작으로 〈스캔들〉, 〈내 여자친구를 소개합니다〉 등의 영화가 연이어 성공하면서 한류가 현실화되었다. 대만, 몽골, 태국 등지에서도 한국의 대중문화, 특히 드라마나 영화에 대한 열기가 늘어나면서 한류의 글로벌 콘텐츠로서의 가능성을 보여주었다.

그러나 한류는 대체로 일부 대중문화 콘텐츠의 경쟁력에서 출발했다고 할 수 있다. 이 때문에 새로운 글로벌 콘텐츠를 지속적으로 개발하면

〈그림 5-16〉 대장금 테마파크(경기도 양주 소재)의 일본인 관광객들

〈그림 5-17〉

태권도와 같은 고유무술을 소재로
한류를 확산시킨 〈점프〉

캄보디아 앙코르와트 사원에서의
12월 11~12일 양일간 펼쳐진 앙드레김 패션쇼

〈그림 5-18〉 대만에서 〈남색생사연〉이란 이름으로 인기리에 방영된 〈가을동화〉

서 OSMU를 통해 기존 콘텐츠를 새롭게 각색, 가공하는 일이 중요하다.

특히 한류가 동아시아에서 대세를 이루는 점에서 한류의 가능성이 엿보이는 여타의 지역(북미, 남미, 중동지역)에까지 전략적 접근이 필요하다.

최근에는 패션, 순수문학 등 문화예술, 교육분야에도 한류와 연관한 글로벌 콘텐츠 개발이 확대되고 있는데 이는 고무적 현상으로 보인다. 이 추세를 활용하면 순수예술의 전통과 자양분을 문화산업으로 소통시킴으로써 한국 문화산업의 질을 높일 수 있을 것으로 예상된다. 동시에 대중문화에 대한 관심과 매력을 한국문화예술 전반으로 확산시키는 효과를 얻을 수 있을 것이다.

글로벌 시대에 문화원형에 대한 중요성은 더욱 커졌다. 자국의 특수성을 강조하면서도 동시에 세계적 보편성을 얻을 수 있는 문화원형으로 글로벌 콘텐츠를 개발할 필요성이 대두되었고 여기에 부합하여 문화원형 디지털 콘텐츠물을 활용한 드라마나 영화가 큰 인기를 끌고 있다. 특히 〈대장금〉의 성과는 한국의 전통문화 속에서 수준 높은 콘텐츠를 개발했을 때, 한국의 콘텐츠물이 세계화될 수 있다는 가능성을 보여주었다.

문화관광부에서 추진중인 한국어, 한국학, 한식, 한복, 한지, 한옥 등 이른바 〈한(韓) 브랜드〉의 산업화를 통한 세계화도 순수예술, 문화, 전통의 한류 확산에 초점을 맞추고 있다. 민족적 특수성을 가가지고 있으면서도 세계적 보편성에 호소할 수 있는 콘텐츠라면, 국가 이미지를 각인시키면서 문화산업의 미래를 준비할 수 있을 것으로 기대된다.

그러나 이때 적용되는 보편원리는 소재의 차원뿐 아니라 구조의 차원이어야 할 것이다. 예를 들어 〈가을동화〉는 한국에서도 인기가 있었지만, 특히 중국에서 선풍적인 인기를 끌었는데 그 이유는 작품구조가 〈공무도하가〉의 죽음과 이별을 상징하는 물의 원형 이미지와 일치하기 때문이다. 〈공무도하가〉는 진나라 무제 때 민가 정리작업 중에 채록된 조선현인의 노래이다. 조선현인은 한국인의 감수성을 간직한 중국인이라는 점에서 초국가 시대의 디아스포라적 정체성을 연상하게 한다. 결과적으로 〈가을동화〉는 대중문화이면서 보편적 문화원형이라는 구조적 장점을 갖고 있었기에 한국인과 중국인을 동시에 감동시킬 수 있었던 것이다.

제 6 장

결론 및 정책방향

1. 디지털 방송통신 융합시대의 문화콘텐츠의 방향

개인 컴퓨터가 일반화된 지 십수 년밖에 안 되었는데 인터넷이 보급되는가 싶더니 이제는 언제 어디서나 휴대전화를 통해 영상을 즐기고 전자 상거래를 하는 세상이 되었다. 아날로그 매체에서 디지털 매체로 넘어오면서 소통의 방식은 놀이성, 감상성을 띠게 된다. 인터넷에서 소통할 때 발생하는, 시공간의 제약으로부터의 육체의 자유로움, 상호작용성, 익명성 때문에 소통의 방식이 즐거움을 선호하게 되기 때문이다. 자연히 콘텐츠는 엔터테인먼트 쪽으로 간다. 지금 휴대전화에서 압도적으로 인기 있는 콘텐츠들은 대부분 이쪽이다.

여기에다 디지털 매체의 컨버전스 현상으로 지금까지 다른 장르였던 것들이 디지털 매체로 통합되고 있다. 장르 사이의 연계와 소통은 훨씬 빈번해졌고 문화산업에서 한 장르가 성공했을 때, 다른 장르로의 이동이 필연적이 되었다.

예를 들면 소설 《반지의 제왕》이 베스트셀러가 되자 영화화되고 이 영상의 힘을 바탕으로 관광산업이 뜨게 된다. TV에 방송되는 것은 물론이고 나아가 모바일 콘텐츠를 통해 서비스될 때는 요약, 압축되어 전철에서도 가볍게 감상할 수 있게 제작된다. 앞으로 게임으로 만들어질 수 있고 캐릭터 상품의 개발도 가능하다.

이때 방송통신의 융합은 하나의 콘텐츠가 온갖 매체에서 표현방식을 달리하는 과정에서 필요한 제도의 일부분이다. 하나의 콘텐츠는 콘텐츠-서비스-단말기-네트워크의 가치사슬의 통합 속에서 작동할 필요가 있으나 근본적으로는 오프라인의 아날로그 매체와의 긴밀한 협동관계에서 빛을 발한다.

왜냐하면 문화콘텐츠는 디지털 기술과 산업이 문화예술과 결합하면서 나타난 21세기형 문화예술이기 때문이다. 당연히 기존의 문화예술적 감성과 형식, 발상법을 기반으로 새로운 면모를 보인다.

중요한 것은 콘텐츠이며 하루가 다르게 변모하는 매체 속에서 어떤 방식으로 표현되는가이다. 하나의 콘텐츠가 우리를 감동시키고 우리 삶을 풍부하게 하는 '작품'으로 승화하기 위해서 가장 중요한 것은 표현하는 자, 디지털 시대의 장인들의 창의성인 것이다.

디지털 매체의 상호작용성 때문에 종래 예술가가 작품을 창조하고 일방적으로 수용자가 감상하는 방식은 변모하였다. 게임처럼 게이머의 적극적 참여가 있어야 스토리를 이어갈 수 있는 장르가 있는가 하면 아예 소비자가 취향에 따라 방송 영상물을 만드는 UCC(*User Created Contents*)가 등장했다. 평범한 사람들이 기발한 아이디어로 자신의 소식을 전하고 알리는 이 방식을 우리는 프로슈머화 아니 프로추어화라고

한다.

그렇다면 이제 창안자는 필요 없게 되었는가? 모든 소비자가 예술가가 된 마당에 중요한 것은 이 과정을 도와주는 미디어 탑재방식이나 마케팅일까? 아니다. 이 평범한 소비자를 이끌어가는 중심이 되는 천재적인 소비자는 어딜 가나 있는 법, 이들의 활약을 보는 수많은 프로슈머의 눈이 또 다른 방식의 감상층을 형성하는 것이다. 나아가 생산자와 수용자의 상호작용을 통한 집단 천재의 탄생을 알리는 징후들이 포착되고 있다.

중요한 것은 콘텐츠이다. 이제 사람들은 품질이 좋은 상품을 소비하는 단계를 지나 자신을 감동시키는 상품을 사용하고 듣고 본다. 상품의 소비방식이 종래 예술을 감상하는 방식과 동일하게 된 것이다.

그리하여 소비자의 감동이 고도의 부가가치로 이어지는 콘텐츠 산업의 시대가 도래하게 되었다. 이때 중요한 것은 창의성이며 문화적 감성이다. 지금까지 이것을 담당해온 문화예술가들, 기업들, 정부부처의 역할이 더욱 강조되는 시점이다.

이제 각 부처에 흩어진 콘텐츠 관련 업무들은 하나의 조직을 중심으로 재조직할 필요가 있다. 콘텐츠 개발에 관련된 문화관광부의 역할에 주목하면서 다음과 같은 추진과제를 상정할 수 있겠다.

2. 정책방향

1) 창의적 콘텐츠의 개발

신규 콘텐츠는 이미 세계적 수준에 도달했다. 그러나 콘텐츠 유통체계가 잘 마련되어 있다고 하더라도 콘텐츠가 풍부하지 않다면 정보의 인프라가 지니는 의미는 반감되고 만다. 따라서 사업다각화를 모색하고 있는 방송사들과 통신기업들은 신규콘텐츠를 개발해야 균형 잡힌 종합미디어 그룹으로 발돋움할 수 있을 것이다.

이를 위해서 인문학과 문화예술의 기반을 콘텐츠에 활용하여야 한다. 이는 현재 우리나라에서 가장 취약한 부분인 창의적 콘텐츠를 개발하는 데 크게 기여할 수 있는 방법이다. 이 분야를 집중적으로 육성하고 정책적으로 지원하기 위해서는 인문학자들이 연구해온 수준 높고 전통 있는 콘텐츠와 문화예술계 종사자들의 창의적 콘텐츠들을 기획하는 단계에서부터 끌어들여야 한다.

2) 인문학, 문화예술과 문화산업의 소통구조를 위한 제도적 장치 마련

인문학이 문화산업 분야에 효율적으로 활용되기 위해서 무엇보다도 먼저 해결해야 할 점은 비경쟁성과 비배재성의 문제이다. 인문학이 경제와 사회에 많은 공헌을 하고 있음에도 불구하고 시장에서 가치를 평가받지 못하는 것은 이 속성 때문이다. 어떤 상품이 시장에서 제대로 가치를 인정받으려면 경쟁성과 배제성을 내포해야 한다. 그러나 인문학은 그 지식을 만인이 공유하고 있으며 특정인에게만 그 권리를 줄 수 없기 때문에 시장가치를 창출하기 힘들다. 때문에 정부의 지원 등이 논의되나 그것은 이 문제점을 근본적으로 보완한 것으로 보기 힘들다. 인문학의 의미창출을 곧바로 상품에 연결시킴으로써 경쟁성과 배제성을 살릴 방안을 모색해야 한다.

〈그림 6-1〉은 인문학과 문화산업과의 관계를 보여주는 좋은 예이다. 인문학이 문화산업에 투입될 때 의미자산으로서 가치를 갖게 하는 방법은 없을까? 가장 확실한 방법은 문화산업 생산과정에 인문학이 직접 투입될 수 있는 통로를 만들어주는 것이다. 이렇게 되면 문화상품의 아이디어인 인문학적 의미자산의 존재가 확실해진다.

인문학이나 인문학자, 예술가가 문화산업을 산출하는 과정에 직접 참여하도록 할 때 그리고 인문학의 교육제도가 문화산업의 학제 속에 들어올 때 인문학은 경쟁성과 배제성을 얻을 수 있다. 이를 위해 학교에 문화

〈그림 6-1〉 문화복합체

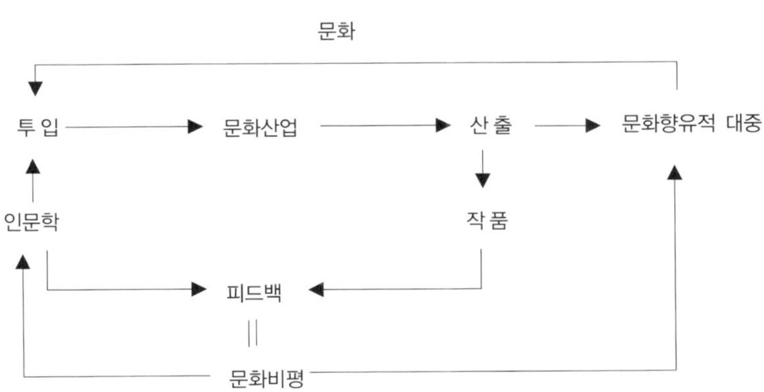

산업 관련 연구소를 세우는 것이 바람직하다. 문화예술, 인문사회, 이공학을 망라한 복합전공의 교육 프로그램이 있는 학교와 산업체, 정부를 연결시키며 새로운 문화콘텐츠를 창조해내는 문화연구센터를 통하여 순수예술과 인문학의 의미자원은 그 가치를 제대로 인정받을 수 있으리라고 보인다.

원래 문화콘텐츠였던 순수예술 분야, 인문사회 분야와 문화산업의 원활한 소통장치가 필요하다. 변모한 문화환경을 고려하면서 인류와 역사를 같이 해온 순수예술 분야와 인문사회 분야의 풍부한 자원들을 끌어들인다면 창의력 있는 문화상품이 나올 수 있다. 기초학문 분야에서 대학의 연구인력을 조직, 체계화하여 연구집단을 이루고 창의적인 연구활동을 통하여 큰 성과를 거둘 수 있다.[1]

3) 다른 부처와 연계한 문화원형소재의 발굴 및 활용

한국문화의 정체성을 드러내면서 세계적 보편성에 호소할 수 있는 콘텐츠를 우리의 문화원형에서 찾을 필요가 있다. 이는 대중문화에서 시작된 한류를 지속, 확대시키면서 동북아의 진정한 문화교류로 발전시키는 데 중요한 역할을 할 것이다. 지금까지 문화관광부에서 지속적으로 이루어진 문화원형 디지털 콘텐츠 작업을 중심으로 다른 부처의 데이터베이스 작업을 통합할 필요가 있다.

---

1 최근 문화산업 인력양성 방안으로 문화콘텐츠 대학원 대학교 설립과 문화연구 센터(CRC: Cultural Research Center) 설립이 제언되었다. 유승호 · 최영섭 · 최혜실, 〈문화산업 인력양성 세부실천 방안 연구〉, 산업연구원(문화관광부 수탁 프로젝트), 2001. 12.

〈그림 6-2〉 각 부처의 기술연계

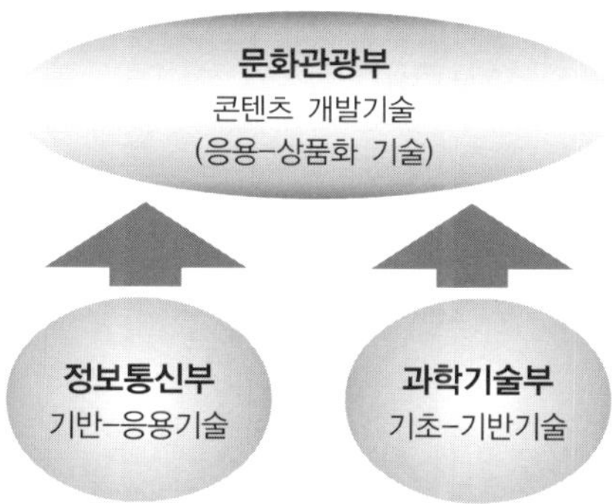

과기부, 정통부와의 연계를 예로 들면, 현재까지 과기부는 기초-기반기술을, 정통부는 기반-응용기술을 통해 디지털 콘텐츠 사업을 펼쳤으나 이제 문광부의 콘텐츠 개발 기술(응용-상품화 기술)을 중심으로 새로운 협력관계를 열어가야 한다. 각자 진행되던 사업을 통합하면서 공동연계를 통해 프로젝트의 완성도를 높여야 할 것이다.

4) 기존 콘텐츠의 재가공 및 재배열

방송과 통신의 융합을 내부적으로 이끌어가는 것은 디지털 매체의 융합적 속성이다. 미디어의 다원화, 광대역 네트워크의 출현, 멀티미디어 텍스트의 보편화의 경향은 방송과 통신의 융합을 급속히 촉진시킨다. 특히 다중 플랫폼의 등장은 동일한 서비스, 혹은 동일하지만 형식이 변형된 서비스가 다양한 플랫폼에서 전달되는 것을 가능하게 하였다. 그러면서 콘텐츠의 개념은 과거 네트워크 중심의 사고에서 벗어나 전달

매체와 내용물을 구분해서 보자는 의도가 반영되기 시작한다. 요컨대, 디지털 융합환경이 가속화되면서 과거의 콘텐츠-플랫폼 통합모델은 이제 콘텐츠와 플랫폼이 분리되면서 다중 콘텐츠, 다중 플랫폼의 형태로 발전하게 된 것이다.

이제 다중의 플랫폼 상에서 동일한 내용의 콘텐츠가 매체를 바꿔가면서 손쉽게 전달되는 융합환경이 도래한 것이다. 이 때문에 디지털 콘텐츠 생산에서 생산자가 직면하는 초판비용에 대한 위험은 더욱 높아졌다. 이제 다양한 경로를 통해 분화된 시장에 접근하기 위해 원 소스(*one source*)의 개발은 문화콘텐츠 성공의 가장 중요한 요건이 되고 있다.

따라서 OSMU로 고부가가치를 창출할 수 있는 기존 콘텐츠를 찾아내어 그것을 재가공하고 재배열하는 데 많은 관심을 보이고 투자를 해야 할 것이다. 국내외에서 성공한 기존 콘텐츠 관련 자료를 데이터베이스화하고 문화콘텐츠 선진국들의 모범사례를 벤치마킹할 필요가 있다.

5) 놀이성과 감성이 증대된 시대에 맞는 스토리텔링의 개발

문화콘텐츠는 매체의 차이에 따라 특징적인 스토리텔링 방식으로 표출되고 있다. 따라서 문화산업 전반의 미학적 가치를 높이기 위해서 다양하게 재가공될 수 있는 원 소스로서의 스토리텔링을 개발해야 한다.

이를 위해 '디지털 스토리텔링 개발 연구소' 설립도 좋은 방법이 될 수 있다. 다중 플랫폼 시대에 각 플랫폼에 맞게 소통될 수 있는 스토리텔링을 개발하기 위해 예술계에 종사하는 작가와 콘텐츠 제작자들이 연계된 연구소 설립을 통해 문화산업 전반의 질적 성장을 기할 수 있을 것이다.

〈그림 6-3〉 '디지털 스토리텔링 연구소'의 역할과 OSMU

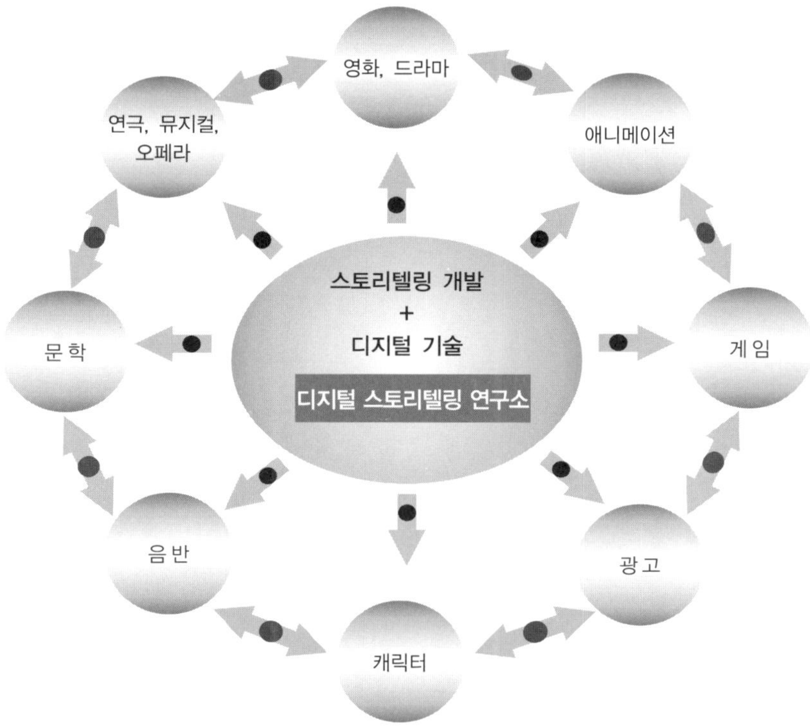

참고문헌

단행본

국내저서

강현두, 《대중문화론》, 나남출판, 1987.
______ 편, 《대중문화의 이론》, 민음사, 1986.
______, 《현대 사회와 대중문화》, 나남출판, 1998.
경제 · 인문사회연구소, 《문화산업 분야에서의 인문학 활용현황과 활성화 방안》, 경제 · 인문사회연구회, 2005
김상봉, "감성의 홀로주체성", 한국기호학회 엮음, 《감각작용과 의미작용》, 월인, 2003.
김승종, 《창의적 발상과 문화 콘텐츠》, 글누림, 2006.
김영덕, 《일본의 방송·통신 융합 현황과 제도》, 한국방송영상산업진흥원, 2005.
김영주, 《방송 · 통신 융합시대의 미디어 규제》, 한국언론재단, 2004.
김우종, "신문소설과 상업주의", 강현두 편, 《한국의 대중문화》, 나남출판, 1987.
김원재 외, 《문화콘텐츠 블루오션》, 커뮤니케이션북스, 2005.
김호석 편, 《겨울연가 (콘텐츠와 콘텍스트 사이)》, 다할미디어, 2005.
박경세, 《방송통신 융합의 네트워크 특성》, 커뮤니케이션북스, 2005.
박성봉, 《대중예술의 미학》, 동연, 1995.
박장순, 《문화콘텐츠 해외 마케팅》, 커뮤니케이션북스, 2005.
______, 《문화콘텐츠학개론》, 커뮤니케이션북스, 2006.
박태원, 《소설가 구보씨의 일일》, 문장사, 1938.
신방흔, 《문화콘텐츠를 위한 시각예술과 대중문화》, 진한도서, 2001.

염복규, 《서울은 어떻게 계획되었는가》, 살림, 2005.
오인문, "신문연재소설의 변천", 《신문연구》, 1977.
오장근, 《텍스트와 문화콘텐츠》, 한국문화사, 2006.
유재천 외, 《디지털 컨버전스》, 커뮤니케이션북스, 2005.
윤재식, 《'한류'와 방송 영상 콘텐츠 마케팅》, 커뮤니케이션북스, 2005,
은혜정, 《새로운 매체환경과 콘텐츠》, 커뮤니케이션북스, 2005.
이기현 외, 《세계 주요국의 미디어 융합형 서비스》, 커뮤니케이션북스, 2005.
이명천, 《문화콘텐츠 마케팅》, 커뮤니케이션북스, 2006.
이상훈, 《디지털 기술과 문화콘텐츠》, 진한도서, 2003.
이윤선, 《민속문화 기반의 문화콘텐츠 기획론》, 민속원, 2006.
이정규, 《창의성의 최근연구동향과 논쟁》, 한국학술정보, 2005.
이창식, 《전통문화와 문화콘텐츠》, 역락, 2006.
임학순, 《창의적 문화사회와 문화정책》, 진한도서, 2003.
전방지 · 심상민, 《문화콘텐츠와 창의성》, 글누림, 2005.
최민성, 《멀티미디어 상상력과 문화콘텐츠》, 논형, 2006.
최연구, 《문화콘텐츠란 무엇인가》, 살림, 2006.
최혜실, 《1930년대 한국 모더니즘 소설 연구》, 민지사, 1992.
______, 《디지털 시대의 문화읽기》, 소명출판, 2001.
______, 《디지털시대의 영상문화》, 소명출판, 2003.
______, 《모든 견고한 것들은 하이퍼텍스트 속으로 사라진다》, 생각의 나무, 2000.
______, 《문화콘텐츠 스토리텔링을 만나다》, 삼성경제연구소, 2006.
______, 《한류드라마의 스토리텔링》, 새문사, 2007.
______ 편, 《디지털시대의 문화 예술》, 문학과 지성사, 1999.
______, 《문화콘텐츠란 무엇인가》, 살림출판사, 2006.
______, 《인문학과 문화콘텐츠》, 다할미디어, 2006.
허정아, 《디지털 시대의 문화콘텐츠》, 연세대학교 출판부, 2006.

국외저서

M.S. 까간, 진중권 옮김, 《미학강의1》, 새길, 1998.
M. 호르크하이머 · Th. W. 아도르노, 김유동 외 옮김, 《계몽의 변증법》, 문예출판사, 1995.
노먼 제이콥스, 강현두 옮김, 《대중시대의 문화와 예술》, 홍성사, 1980.
니클라스 루만, 김성재 옮김, 《대중매체의 현실》, 커뮤니케이션북스, 2006.
도널드 도슨, "popular culture와 mass culture의 차이", 강현두 옮김, 《대중문화의 이론》, 1987.
랜슬롯 호그벤, 김지운 옮김, 《동굴벽화에서 만화까지》, 커뮤니케이션북스. 2007.
롤프 옌센, 서정환 옮김, 《드림 소사이어티》, 한국 능률협회, 2000.
마이크 페더스톤, 정숙경 옮김, 《포스트 모더니즘과 소비문화》, 현대미학사, 1999.
마이클 J. 울프, 이기문 옮김, 《오락의 경제》, 리치북스, 2000.
마크 포스터, 김성기 옮김, 《뉴미디어의 철학》, 민음사, 1996.
발터 벤야민, 이태동 옮김, "기술복제 시대의 예술", 《문예비평과 이론》, 문예출판사, 1987.
스코트 래쉬, 존 어리, 박형준 · 권기돈 옮김, 《기호와 공간의 경제》, 현대미학사, 1998.
스탠리 아로노비츠, 이영철 엮음, 백한울 외 옮김, "문화산업과 '위대한 예술'의 죽음", 《21세기 문화 미리 보기》, 시각과 언어, 1999.
스튜어트 유웬, 백지숙 옮김, 《이미지는 모든 것을 삼킨다》, 시각과 언어, 1997.
스티븐 컨, 박성관 옮김, 《시간과 공간의 문화사》, 휴머니스트, 2004.
아놀드 하우저, 최성만 · 최병진 옮김, 《예술의 사회학》, 한길사, 1988.
아브라함 몰르, 엄광현 옮김, 《키치란 무엇인가?》, 시각과 언어, 1995.
우도 쿨터만, 김문환 옮김, 《예술이론의 역사》, 문예출판사, 2000.
이케가미 준 외, 황현탁 옮김, 《문화경제학》, 나남출판, 1999.
장 보드리야르, 하태환 옮김, 《시뮬라시옹》, 민음사, 1992.
지그문트 프로이트, 윤희기 옮김, 《무의식에 관하여》, 열린책들, 1997.
찰스 귀논, 강혜원 옮김, 《진정성에 대하여》, 동문선, 2004.

칙센트미하이, 노혜숙 옮김, 《창의성의 즐거움》, 북로드, 2003.
프랭크 레흐너, 윤재석 옮김, 《문명의 혼성》, 부글북스, 2006.
프랭크 웹스터, 홍성욱 · 백욱인 엮음, 《정보, 자본주의, 불확실성》, "2001 싸이버 스페이스 오디쎄이", 창작과 비평사.
하우크 W., 미술비평연구회 엮음, 《상품미학과 문화이론》, 눈빛, 1992
허버트 J. 갠스, 강현두 역, 《대중문화와 고급문화》, 나남출판, 1998.
호이징하, 권영빈 옮김, 《호모 루덴스》, 홍성사, 1981.

보고서

(주)아카넷티비, "방송과 통신의 융합에 따른 CT의 역할과 서비스 모델 연구", 2006년 문화콘텐츠
고정민, "통신기업의 콘텐츠 산업 진입－의미와 전망", 삼성경제연구소, 2006.
국가브랜드 경영연구소, "문화를 통한 국가브랜드 가치재고 전략 보고서", 문화관광부, 2003.12.
권기덕 · 김재윤, "웹2.0이 주도하는 사회와 기업의 변화", 삼성경제연구소, 〈CEO Information〉 제 588호, 2007. 1. 24.
노준석, "방송통신 융합시대 문화콘텐츠 산업정책 방향", 한국문화콘텐츠진흥원, 2006.
문화광광부 · 문화콘텐츠진흥원, "한국문화산업의 국제경쟁력 분석", 2004.6.
오세근, "웹 2.0시대의 차세대 B/M, UCC", IITA 기술정책정보단, 2006. 11.
원광연 · 최혜실, "문화산업의 새로운 패러다임 구축을 위한 제언", 2003. 7.31, 문화관광부 용역제안서.
유승호 · 최영섭 · 최혜실, "문화산업 인력 양성 세부 실천방안 연구", 산업연구원(문화관광부 수탁 프로젝트), 2001. 12.
정보통신부, "통신방송융합에 대비한 정책 및 법 · 제도 정비 방향", 정보통신부 2003.
초성운, "디지털 컨버전스 시대의 정책방향", 정보통신정책 연구원, 2005.
최양수, "방송환경 변화에 따른 방송·통신법제 연구", 방송통신 융합시대 방송서비

스의 정책방향,

최영호, "문화콘텐츠산업의 경쟁력 분석", 한국문화콘텐츠진흥원, 2006.

최혜실, "소설가 구보씨의 일일"에 나타나는 '산책자(*flaneur*)' 연구", 〈관악어문연구 13집〉, 1988. 12. 31, 197~198쪽.

______, "디지털 敍事(e-narrative)의 현황과 전망", 〈한국현대문학연구〉 8집, 2000.

______, "UCC, 원시공동체로의 복귀", 〈사회비평〉 복간호, 2007. 여름

한국문화콘텐츠진흥원, "일본의 문화콘텐츠산업 동향과 지원제도", 2003.

______, "문화콘텐츠 유통 활성화를 위한 문화산업진흥기본법 개선방안", 2004.

______, "문화콘텐츠산업의 경제적 파급효과", 2004.

______, "한 · 중 · 일 문화콘텐츠산업 경쟁력 비교분석", 2004.

______, "한국 문화산업의 국제 경쟁력 분석", 2004.

______, "제 7분과 대표제품 요약자료", 2006.

______ 편, 《일본의 문화콘텐츠산업 동향과 지원제도》, 2003.

자료집

김대호, "방송통신 융합서비스 정책방향", 방송통신 융합시대 제도정비 방향 마련을 위한 토론회 발표자료, 2004.

이기문, 《동아 새 국어사전》 동아출판사 1992.

인문콘텐츠학회, 《인문콘텐츠》 제 6호, 북코리아, 2005. 12.

______, 〈문화콘텐츠와 지역문화〉, 《한국향토문화전자대전》 편찬사업을 위한 2006년 하반기 심포지엄 자료집, 2006.

최혜실, "문화원형 디지털콘텐츠의 산업적 활용전망", 〈우리 문화원형 디지털콘텐츠 아카이브의 활성화 방안〉, 인문콘텐츠학회, 한국문화콘텐츠진흥원 주관 자료집, 2004.

한국문학평론가협회 편, 《문학비평용어사전(하)》, 국학자료원, 2006, 529쪽.

한국문화콘텐츠기술학회, 〈2006 한국문화콘텐츠기술학회 학술발표대회 자료집〉, 2006.

한국문화콘텐츠진흥원, 〈문화원형 창작소재 개발 중·장기 로드맵 수립〉, 2005.

■■■ 학술지논문

박상천, "Culture Technology와 문화콘텐츠", 〈한국언어문화〉, 2002.

박연민, "네트워크 융합의 진전에 따른 정책적 시사점", 〈정보통신정책〉 281, 2001.

서덕영, "통신방송융합의 전망 및 비전", 〈텔레콤〉 22(1), 2006.

이동수, "방송통신 융합에 따른 국내외 대응동향", 〈방송과 기술〉 122, 2006.

이상우, "방송통신 융합에 따른 해외사례 비교분석―유럽의 동향을 중심으로", 〈방송 연구〉 여름호, 2004.

장노현, "인문학적 문화콘텐츠와 창의성", 〈한민족문화연구〉 18, 2006.

전범수, "지상파 방송사의 사업다각화 및 해외시장진출 전략", 〈방송의 사업다각화 및 해외시장 전략〉, 2005.

전종홍 · 이승윤, "웹2.0 기술현황 및 전망", 〈전자통신동향분석〉 21(5), ETRI, 2006.

최혜실, "동북아시대 구현을 위한 사회문화적 협력", 〈구보학보 1집〉, 2006. 12,

■■■ 학위논문

권상라, "교육용 온라인 게임이 학습에 미치는 효과에 관한 연구", 단국대학교 교육대학원 전자계산교육 전공 석사학위논문, 2006.

권은경, "한국문화원형 기반의 OSMU형 문화콘텐츠 개발 프로세스 연구", 연세대학교 생활환경대학원 디자인정보시스템 전공 석사학위논문, 2006.

김수일, "방송 통신 융합서비스 제공방안에 관한 연구", 고려대학교 경영정보대학원 석사학위논문, 2004.

김형수, "문화콘텐츠산업의 육성 정책에 관한 연구", 단국대학교 대학원 행정학과 조직 관리 전공 박사학위논문, 2004.

문대현, "방송·통신융합에 따른 정책방안에 관한 연구", 건국대학교 행정학 박사학위논문, 2006.

박용진, "방송통신 융합시대의 콘텐츠 유통 활성화 방안에 관한 연구", 연세대학교 언론홍보대학원 방송영상 전공 석사학위논문, 2006.

서순임, "공공 디지털 문화콘텐츠 활성화방안에 관한 연구", 연세대학교 정보대학원 디지털 문화콘텐츠 전공 석사학위논문, 2006.

서재길, "1920~80년대 한국 예술가 소설 연구", 서울대학교 대학원 석사학위논문, 1995.

염경아, "한류의 브랜드화를 통한 한류관광의 지속성에 관한 연구", 경희대학교 관광대학원 국제관광정책학 전공 석사학위논문, 2006.

이용호, "한국 디지털위성방송의 양방향서비스 특성과 전망에 관한 연구", 서강대학교 언론대학원 석사학위논문, 2004.

이지은, "방송과 통신의 컨버전스 데이터 서비스 비즈니스 모델", 서울벤처정보대학원대학교 정보경영학과 정보경영학 전공 석사학위논문, 2006.

이현식, "위성DMB의 도입기 발전전략에 관한 연구", 중앙대학교 신문방송대학원 석사학위논문, 2005.

전영범, "디지털 컨버전스에 따른 미디어시장 변화와 지상파TV의 사업다각화 전략", 한양대학교 언론정보대학원 언론학 석사학위논문, 2006.

조우석, "한국 문화콘텐츠 산업의 가치혁신 전략 이론 적용 가능성과 시사점 연구", 서울대 대학원 경영학 전공 석사학위논문, 2006.

기사

TNS 미디어 코리아, 헤럴드경제 2005. 11.10 재인용

뉴스위크 한국판, 2006. 3.22.

동아일보, 2004. 12.8, 29면.

송주연, "CT, 문화예술의 미래", FILM 2.0, 2006.11.28.

중앙일보, 2007. 4.20, 3면.

중앙일보, 2005. 5.27.
한겨레, 2007. 4.20, 12면.

■■■ 사이트

http://news.media.daum.net/
http://www.edaily.co.kr/
http://news.media.daum.net/
http://odin.dep.no